PREFACIO

La colección de guías de conversación para viajar "Todo irá bien" publicada por T&P Books está diseñada para personas que viajan al extranjero para turismo y negocios. Las guías contienen lo más importante - los elementos esenciales para una comunicación básica.Éste es un conjunto de frases imprescindibles para "sobrevivir" mientras está en el extranjero.

Esta guía de conversación le ayudará en la mayoría de los casos donde usted necesite pedir algo, conseguir direcciones, saber cuánto cuesta algo, etc. Puede también resolver situaciones difíciles de la comunicación donde los gestos no pueden ayudar.

Este libro contiene muchas frases que han sido agrupadas según los temas más relevantes. Una sección separada del libro también ofrece un pequeño diccionario con más de 1.500 palabras importantes y útiles.

Llévese la guía de conversación "Todo irá bien" en el camino y tendrá una insustituible compañera de viaje que le ayudará a salir de cualquier situación y le enseñará a no temer hablar con extranjeros.

TABLA DE CONTENIDOS

T&P Books Publishing

Colección de guías de conversación
"¡Todo irá bien!"

T&P Books Publishing

GUÍA DE CONVERSACIÓN

— FINLANDÉS —

LAS PALABRAS Y LAS FRASES MÁS ÚTILES

Esta Guía de Conversación contiene las frases y las preguntas más comunes necesitadas para una comunicación básica con extranjeros

Andrey Taranov

T&P BOOKS

Guía de conversación + diccionario de 1500 palabras

Guía de conversación Español-Finlandés y diccionario conciso de 1500 palabras

por Andrey Taranov

La colección de guías de conversación para viajar "Todo irá bien" publicada por T&P Books está diseñada para personas que viajan al extranjero para turismo y negocios. Las guías contienen lo más importante - los elementos esenciales para una comunicación básica. Éste es un conjunto de frases imprescindibles para "sobrevivir" mientras está en el extranjero.

Una otra sección del libro también ofrece un pequeño diccionario con más de 1.500 palabras útiles. El diccionario incluye muchos términos gastronómicos y será de gran ayuda para pedir los alimentos en un restaurante o comprando comestibles en la tienda.

T&P Books Publishing
www.tpbooks.com

ISBN: 978-1-78492-644-1

Este libro está disponible en formato electrónico o de E-Book también.
Visite www.tpbooks.com o las librerías electrónicas más destacadas en la Red.

PRONUNCIACIÓN

T&P alfabeto fonético	Ejemplo finlandés	Ejemplo español
[·]	juomalasi [juoma·lasi]	punto medio
[:]	aalto [ɑ:lto]	vocal larga

Las vocales

[ɑ]	hakata [hɑkɑtɑ]	radio
[e]	ensi [ensi]	verano
[i]	musiikki [musi:kki]	ilegal
[o]	filosofi [filosofi]	bordado
[u]	peruna [perunɑ]	mundo
[ø]	keittiö [kejttiø]	alemán - Hölle
[æ]	määrä [mæ:ræ]	vencer
[y]	Bryssel [bryssel]	pluma

Las consonantes

[b]	banaani [bɑnɑ:ni]	en barco
[d]	odottaa [odotta:]	desierto
[dʒ]	Kambodža [kɑmbodʒɑ]	jazz
[f]	farkut [fɑrkut]	golf
[g]	jooga [jo:gɑ]	jugada
[j]	suojatie [suojɑtæ]	asiento
[h]	ohra [ohrɑ]	registro
[ɦ]	jauhot [jɑuɦot]	mejicano
[k]	nokkia [nokkiɑ]	charco
[l]	leveä [leveæ]	lira
[m]	moottori [mo:ttori]	nombre
[n]	nainen [nɑjnen]	número
[ŋ]	ankkuri [ɑŋkkuri]	manga
[p]	pelko [pelko]	precio
[r]	raketti [rɑketti]	era, alfombra
[s]	sarastus [sɑrɑstus]	salva
[t]	tattari [tɑttɑri]	torre
[ʋ]	luvata [luʋɑtɑ]	cerveza
[ʃ]	šakki [ʃɑkki]	shopping

5

T&P alfabeto fonético	Ejemplo finlandés	Ejemplo español
[ʧ]	Chile [ʧile]	mapache
[z]	kazakki [kazɑkki]	desde

LISTA DE ABREVIATURAS

Abreviatura en español

adj	-	adjetivo
adv	-	adverbio
anim.	-	animado
conj	-	conjunción
etc.	-	etcétera
f	-	sustantivo femenino
f pl	-	femenino plural
fam.	-	uso familiar
fem.	-	femenino
form.	-	uso formal
inanim.	-	inanimado
innum.	-	innumerable
m	-	sustantivo masculino
m pl	-	masculino plural
m, f	-	masculino, femenino
masc.	-	masculino
mat	-	matemáticas
mil.	-	militar
num.	-	numerable
p.ej.	-	por ejemplo
pl	-	plural
pron	-	pronombre
sg	-	singular
v aux	-	verbo auxiliar
vi	-	verbo intransitivo
vi, vt	-	verbo intransitivo, verbo transitivo
vr	-	verbo reflexivo
vt	-	verbo transitivo

GUÍA DE CONVERSACIÓN FINLANDÉS

Esta sección contiene frases importantes que pueden resultar útiles en varias situaciones de la vida real. La Guía le ayudará a pedir direcciones, aclaración sobre precio, comprar billetes, y pedir alimentos en un restaurante

T&P Books Publishing

CONTENIDO DE LA GUÍA DE CONVERSACIÓN

Lo más imprescindible

Perdone, …	**Anteeksi, …** [ɑnteːksi, …]
Hola.	**Hei.** [hej]
Gracias.	**Kiitos.** [kiːtos]

Sí.	**Kyllä.** [kyllæ]
No.	**Ei.** [ej]
No lo sé.	**En tiedä.** [en tiedæ]
¿Dónde? | ¿A dónde? | ¿Cuándo?	**Missä? | Minne? | Milloin?** [missæ? | minne? | millojn?]

Necesito …	**Tarvitsen …** [tɑrʋitsen …]
Quiero …	**Haluan …** [hɑluɑn …]
¿Tiene …?	**Onko sinulla …?** [oŋko sinullɑ …?]
¿Hay … por aquí?	**Onko täällä …?** [oŋko tæːllæ …?]
¿Puedo …?	**Voinko …?** [ʋojŋko …?]
…, por favor? (petición educada)	**…, kiitos** […, kiːtos]

Busco …	**Etsin …** [etsin …]
el servicio	**WC** [ʋese]
un cajero automático	**pankkiautomaatti** [pɑŋkki·ɑutomɑːtti]
una farmacia	**apteekki** [ɑpteːkki]
el hospital	**sairaala** [sɑjrɑːlɑ]

la comisaría	**poliisiasema** [poliːsi·ɑsemɑ]
el metro	**metro** [metro]

un taxi	**taksi** [taksi]
la estación de tren	**rautatieasema** [rautatie·asema]

Me llamo …	**Nimeni on …** [nimeni on …]
¿Cómo se llama?	**Mikä sinun nimesi on?** [mikæ sinun nimesi on?]
¿Puede ayudarme, por favor?	**Voisitko auttaa minua?** [vojsitko autta: minua?]
Tengo un problema.	**Minulla on ongelma.** [minulla on oŋelma]
Me encuentro mal.	**En voi hyvin.** [en voj hyvin]
¡Llame a una ambulancia!	**Soita ambulanssi!** [sojta ambulanssi!]
¿Puedo llamar, por favor?	**Voisinko soittaa?** [vojsiŋko sojtta:?]

Lo siento.	**Olen pahoillani.** [olen pahojllani]
De nada.	**Ole hyvä.** [ole hyvæ]

Yo	**minä	mä** [minæ	mæ]
tú	**sinä	sä** [sinæ	sæ]
él	**hän	se** [hæn	se]
ella	**hän	se** [hæn	se]
ellos	**he	ne** [he	ne]
ellas	**he	ne** [he	ne]
nosotros /nosotras/	**me** [me]
ustedes, vosotros	**te** [te]
usted	**sinä** [sinæ]

ENTRADA	**SISÄÄN** [sisæ:n]
SALIDA	**ULOS** [ulos]
FUERA DE SERVICIO	**EPÄKUNNOSSA** [epækunnossa]
CERRADO	**SULJETTU** [suljettu]

ABIERTO	**AVOIN** [ɑʋojn]
PARA SEÑORAS	**NAISILLE** [nɑjsille]
PARA CABALLEROS	**MIEHILLE** [mieɦille]

Preguntas

¿Dónde?	**Missä?** [missæ?]
¿A dónde?	**Mihin?** [mihin?]
¿De dónde?	**Mistä?** [mistæ?]
¿Por qué?	**Miksi?** [miksi?]
¿Con que razón?	**Mistä syystä?** [mistæ syːstæ?]
¿Cuándo?	**Milloin?** [millojn?]

¿Cuánto tiempo?	**Kuinka kauan?** [kujŋka kauan?]
¿A qué hora?	**Mihin aikaan?** [mihin ajkaːn?]
¿Cuánto?	**Kuinka paljon?** [kujŋka paljon?]
¿Tiene ...?	**Onko sinulla ...?** [oŋko sinulla ...?]
¿Dónde está ...?	**Missä on ...?** [missæ on ...?]

¿Qué hora es?	**Paljonko kello on?** [paljoŋko kello on?]
¿Puedo llamar, por favor?	**Voisinko soittaa?** [uojsiŋko sojttaː?]
¿Quién es?	**Kuka siellä?** [kuka siellæ?]
¿Se puede fumar aquí?	**Saako täällä polttaa?** [saːko tæːllæ polttaː?]
¿Puedo ...?	**Saanko ...?** [saːŋko ...?]

Necesidades

Quisiera …	**Haluaisin …** [hɑluɑjsin …]
No quiero …	**En halua …** [en hɑluɑ …]
Tengo sed.	**Minulla on jano.** [minullɑ on jɑno]
Tengo sueño.	**Haluan nukkua.** [hɑluɑn nukkuɑ]

Quiero …	**Haluan …** [hɑluɑn …]
lavarme	**peseytyä** [peseytyæ]
cepillarme los dientes	**harjata hampaani** [hɑrjɑtɑ hɑmpɑːni]
descansar un momento	**levätä vähän** [leʋætæ ʋæɦæn]
cambiarme de ropa	**vaihtaa vaatteet** [ʋɑjhtɑː ʋɑːtteːt]

volver al hotel	**palata takaisin hotelliin** [pɑlɑtɑ tɑkɑjsin hotelliːn]
comprar …	**ostaa …** [ostɑː …]
ir a …	**mennä …** [mennæ …]
visitar …	**käydä …** [kæydæ …]
quedar con …	**tavata …** [tɑʋɑtɑ …]
hacer una llamada	**soittaa …** [sojttɑː …]

Estoy cansado /cansada/.	**Olen väsynyt.** [olen ʋæsynyt]
Estamos cansados /cansadas/.	**Olemme väsyneitä.** [olemme ʋæsynejtæ]
Tengo frío.	**Minulla on kylmä.** [minullɑ on kylmæ]
Tengo calor.	**Minulla on kuuma.** [minullɑ on kuːmɑ]
Estoy bien.	**Voin hyvin.** [ʋojn hyʋin]

Tengo que hacer una llamada.

Necesito ir al servicio.

Me tengo que ir.

Me tengo que ir ahora.

Minun täytyy soittaa yksi puhelu.
[minun tæyty: sojttɑ: yksi puĥelu]

Minun täytyy mennä vessaan.
[minun tæyty: mennæ ʋessɑ:n]

Minun täytyy lähteä.
[minun tæyty: læhteæ]

Minun täytyy lähteä nyt.
[minun tæyty: læhteæ nyt]

Preguntar por direcciones

Perdone, ...	**Anteeksi, ...** [ante:ksi, ...]
¿Dónde está ...?	**Missä on ...?** [missæ on ...?]
¿Por dónde está ...?	**Miten pääsen ...?** [miten pæ:sen ...?]
¿Puede ayudarme, por favor?	**Voisitko auttaa minua?** [ʋojsitko autta: minua?]

Busco ...	**Etsin ...** [etsin ...]
Busco la salida.	**Etsin uloskäyntiä.** [etsin uloskæyntiæ]
Voy a ...	**Menen ...** [menen ...]
¿Voy bien por aquí para ...?	**Onko tämä oikea tie ...?** [oŋko tæmæ ojkea tie ...?]

¿Está lejos?	**Onko se kaukana?** [oŋko se kaukana?]
¿Puedo llegar a pie?	**Voiko sinne kävellä?** [ʋojko sinne kæʋellæ?]
¿Puede mostrarme en el mapa?	**Voitko näyttää minulle kartalta?** [ʋojtko næyttæ: minulle kartalta?]
Por favor muestreme dónde estamos.	**Voitko näyttää, missä me olemme nyt.** [ʋojtko næyttæ:, missæ me olemme nyt]

Aquí	**Täällä** [tæ:llæ]
Allí	**Siellä** [siellæ]
Por aquí	**Tännepäin.** [tænnepæjn]

Gire a la derecha.	**Käänny oikealle.** [kæ:nny ojkealle]
Gire a la izquierda.	**Käänny vasemmalle.** [kæ:nny ʋasemmalle]
la primera (segunda, tercera) calle	**ensimmäinen (toinen, kolmas)** **käännös** [ensimmæjnen (tojnen, kolmas) kæ:nnøs]
a la derecha	**oikealle** [ojkealle]

a la izquierda

vasemmalle
[vɑsemmɑlle]

Siga recto.

Mene suoraan eteenpäin.
[mene suorɑːn eteːnpæjn]

Carteles

¡BIENVENIDO!	**TERVETULOA!** [tervetuloa!]
ENTRADA	**SISÄÄN** [sisæ:n]
SALIDA	**ULOS** [ulos]

EMPUJAR	**TYÖNNÄ** [tyønnæ]
TIRAR	**VEDÄ** [vedæ]
ABIERTO	**AVOIN** [avojn]
CERRADO	**SULJETTU** [suljettu]

PARA SEÑORAS	**NAISILLE** [najsille]
PARA CABALLEROS	**MIEHILLE** [miehille]
CABALLEROS	**MIEHET** [miehet]
SEÑORAS	**NAISET** [najset]

REBAJAS	**MYYNTI** [my:nti]
VENTA	**ALE** [ale]
GRATIS	**ILMAINEN** [ilmajnen]
¡NUEVO!	**UUTUUS!** [u:tu:s!]
ATENCIÓN	**HUOMIO!** [huomio!]

COMPLETO	**TÄYNNÄ** [tæynnæ]
RESERVADO	**VARATTU** [varattu]
ADMINISTRACIÓN	**HALLINTOHENKILÖSTÖ** [hallinto·henkiløstø]
SÓLO PERSONAL AUTORIZADO	**VAIN HENKILÖKUNNALLE** [vajn henkilø·kunnalle]

CUIDADO CON EL PERRO	**VARO KOIRAA!** [ʋɑro kojrɑːl]
NO FUMAR	**TUPAKOINTI KIELLETTY!** [tupɑkojnti kielletty!]
NO TOCAR	**ÄLÄ KOSKE!** [ælæ koske!]

PELIGROSO	**VAARALLINEN** [ʋɑːrɑllinen]
PELIGRO	**VAARA** [ʋɑːrɑ]
ALTA TENSIÓN	**KORKEAJÄNNITE** [korkeɑ·jænnite]
PROHIBIDO BAÑARSE	**UIMINEN KIELLETTY!** [ujminen kielletty!]

FUERA DE SERVICIO	**EPÄKUNNOSSA** [epækunnossɑ]
INFLAMABLE	**HELPOSTI SYTTYVÄ** [helposti syttyʋæ]
PROHIBIDO	**KIELLETTY** [kielletty]
PROHIBIDO EL PASO	**LÄPIKULKU KIELLETTY** [læpikulku kielletty]
RECIÉN PINTADO	**VASTAMAALATTU** [ʋɑstɑmɑːlɑttu]

CERRADO POR RENOVACIÓN	**SULJETTU REMONTIN VUOKSI** [suljettu remontin ʋuoksi]
EN OBRAS	**TIETYÖ** [tietyø]
DESVÍO	**KIERTOTIE** [kiertotie]

Transporte. Frases generales

el avión	**lentokone** [lentokone]
el tren	**juna** [juna]
el bus	**bussi** [bussi]
el ferry	**lautta** [lautta]
el taxi	**taksi** [taksi]
el coche	**auto** [auto]
el horario	**aikataulu** [ajkataulu]
¿Dónde puedo ver el horario?	**Missä voisin nähdä aikataulun?** [missæ ʋojsin næhdæ ajkataulun?]
días laborables	**arkipäivät** [arkipæjʋæt]
fines de semana	**viikonloppu** [ʋiːkon·loppu]
días festivos	**pyhäpäivät** [pyhæpæjʋæt]
SALIDA	**LÄHTEVÄT** [læhteʋæt]
LLEGADA	**SAAPUVAT** [saːpuʋat]
RETRASADO	**MYÖHÄSSÄ** [myøhæssæ]
CANCELADO	**PERUUTETTU** [peruːtettu]
siguiente (tren, etc.)	**seuraava** [seuraːʋa]
primero	**ensimmäinen** [ensimmæjnen]
último	**viimeinen** [ʋiːmejnen]
¿Cuándo pasa el siguiente ...?	**Milloin on seuraava ...?** [millojn on seuraːʋa ...?]
¿Cuándo pasa el primer ...?	**Milloin on ensimmäinen ...?** [millojn on ensimmæjnen ...?]

¿Cuándo pasa el último ...?

Milloin on viimeinen ...?
[millojn on ʋiːmejnen ...?]

el trasbordo (cambio de trenes, etc.)

vaihto
[ʋɑjhto]

hacer un trasbordo

vaihtaa
[ʋɑjhtɑː]

¿Tengo que hacer un trasbordo?

Täytyykö minun tehdä vaihto?
[tæytyːkø minun tehdæ ʋɑjhto?]

Comprar billetes

¿Dónde puedo comprar un billete?	**Mistä voin ostaa lippuja?** [mistæ vojn osta: lippuja?]
el billete	**lippu** [lippu]
comprar un billete	**ostaa lippu** [osta: lippu]
precio del billete	**lipun hinta** [lipun hinta]

¿Para dónde?	**Mihin?** [mihin?]
¿A qué estación?	**Mille asemalle?** [mille asemalle?]
Necesito ...	**Tarvitsen ...** [tarvitsen ...]
un billete	**yhden lipun** [yhden lipun]
dos billetes	**kaksi lippua** [kaksi lippua]
tres billetes	**kolme lippua** [kolme lippua]

sólo ida	**menolippu** [menolippu]
ida y vuelta	**menopaluu** [menopalu:]
en primera (primera clase)	**ensimmäinen luokka** [ensimmæjnen luokka]
en segunda (segunda clase)	**toinen luokka** [tojnen luokka]

hoy	**tänään** [tænæ:n]
mañana	**huomenna** [huomenna]
pasado mañana	**ylihuomenna** [ylihuomenna]
por la mañana	**aamulla** [a:mulla]
por la tarde	**iltapäivällä** [ilta·pæjuællæ]
por la noche	**illalla** [illalla]

asiento de pasillo

käytäväpaikka
[kæytæʋæpɑjkkɑ]

asiento de ventanilla

ikkunapaikka
[ikkunɑpɑjkkɑ]

¿Cuánto cuesta?

Kuinka paljon?
[kujŋkɑ pɑljon?]

¿Puedo pagar con tarjeta?

Voinko maksaa luottokortilla?
[ʋojŋko mɑksɑ: luottokortillɑ?]

Autobús

el autobús	**bussi** [bussi]
el autobús interurbano	**linja-auto** [linja·auto]
la parada de autobús	**bussipysäkki** [bussi·pysækki]
¿Dónde está la parada de autobuses más cercana?	**Missä on lähin bussipysäkki?** [missæ on læhin bussi·pysækki?]

número	**numero** [numero]
¿Qué autobús tengo que tomar para …?	**Millä bussilla pääsen …?** [millæ bussilla pæ:sen …?]
¿Este autobús va a …?	**Meneekö tämä bussi …?** [mene:kø tæmæ bussi …?]
¿Cada cuanto pasa el autobús?	**Kuinka usein bussit kulkevat?** [kujŋka usejn bussit kulkeuat?]

cada 15 minutos	**viidentoista minuutin välein** [ui:den·tojsta minu:tin uælejn]
cada media hora	**puolen tunnin välein** [puolen tunnin uælejn]
cada hora	**joka tunti** [joka tunti]
varias veces al día	**useita kertoja päivässä** [usejta kertoja pæjuæssæ]
… veces al día	**… kertaa päivässä** [… kerta: pæjuæssæ]

el horario	**aikataulu** [ajkataulu]
¿Dónde puedo ver el horario?	**Missä voisin nähdä aikataulun?** [missæ uojsin næhdæ ajkataulun?]
¿Cuándo pasa el siguiente autobús?	**Milloin seuraava bussi menee?** [millojn seura:ua bussi mene:?]
¿Cuándo pasa el primer autobús?	**Milloin ensimmäinen bussi menee?** [millojn ensimmæjnen bussi mene:?]
¿Cuándo pasa el último autobús?	**Milloin viimeinen bussi menee?** [millojn ui:mejnen bussi mene:?]

la parada	**pysäkki** [pysækki]
la siguiente parada	**seuraava pysäkki** [seura:ua pysækki]

la última parada

päätepysäkki
[pæ:te·pysækki]

Pare aquí, por favor.

Pysähdy tähän, kiitos.
[pysæhdy tæhæn, ki:tos]

Perdone, esta es mi parada.

Anteeksi, jään pois tässä.
[ɑnte:ksi, jæ:n pojs tæssæ]

Tren

el tren	**juna** [juna]
el tren de cercanías	**lähijuna** [læɦijuna]
el tren de larga distancia	**kaukojuna** [kaukojuna]
la estación de tren	**rautatieasema** [rautatie·asema]
Perdone, ¿dónde está la salida al anden?	**Anteeksi, mistä pääsen laiturille?** [ante:ksi, mistæ pæ:sen lajturille?]

¿Este tren va a ...?	**Meneekö tämä juna ...?** [mene:kø tæmæ juna ...?]
el siguiente tren	**seuraava juna** [seura:ʋa juna]
¿Cuándo pasa el siguiente tren?	**Milloin seuraava juna lähtee?** [millojn seura:ʋa juna llæhte:?]
¿Dónde puedo ver el horario?	**Missä voisin nähdä aikataulun?** [missæ ʋojsin næhdæ ajkataulun?]
¿De qué andén?	**Miltä laiturilta?** [miltæ lajturilta?]
¿Cuándo llega el tren a ...?	**Milloin juna saapuu ...?** [millojn juna sa:pu: ...?]

Ayudeme, por favor.	**Auttaisitko minua, kiitos.** [auttajsitko minua, ki:tos]
Busco mi asiento.	**Etsin paikkaani.** [etsin pajkka:ni]
Buscamos nuestros asientos.	**Etsimme paikkojamme.** [etsimme pajkkojamme]
Mi asiento está ocupado.	**Paikkani on varattu.** [pajkkani on ʋarattu]
Nuestros asientos están ocupados.	**Paikkamme ovat varattuja.** [pajkkamme oʋat ʋarattuja]

Perdone, pero ese es mi asiento.	**Olen pahoillani, mutta tämä on minun paikkani.** [olen paɦojllani, mutta tæmæ on minun pajkkani]
¿Está libre?	**Onko tämä paikka varattu?** [oŋko tæmæ pajkka ʋarattu?]
¿Puedo sentarme aquí?	**Voinko istua tähän?** [ʋojŋko istua tæɦæn?]

En el tren. Diálogo (Sin billete)

Su billete, por favor.	**Lippunne, kiitos.** [lippunne, ki:tos]
No tengo billete.	**Minulla ei ole lippua.** [minulla ej ole lippua]
He perdido mi billete.	**Kadotin lippuni.** [kadotin lippuni]
He olvidado mi billete en casa.	**Unohdin lippuni kotiin.** [unohdin lippuni koti:n]

Le puedo vender un billete.	**Voit ostaa lipun minulta.** [uojt osta: lipun minulta]
También deberá pagar una multa.	**Sinun täytyy maksaa myös sakko.** [sinun tæyty: maksa: myøs sakko]
Vale.	**Hyvä on.** [hyuæ on]
¿A dónde va usted?	**Minne olet menossa?** [minne olet menossa?]
Voy a ...	**Menen ...** [menen ...]

¿Cuánto es? No lo entiendo.	**Kuinka paljon? En ymmärrä.** [kujŋka paljon? en ymmærræ]
Escríbalo, por favor.	**Voisitko kirjoittaa sen.** [uojsitko kirjoitta: sen]
Vale. ¿Puedo pagar con tarjeta?	**Hyvä on.** **Voinko maksaa luottokortilla?** [hyuæ on. uojŋko maksa: luottokortilla?]
Sí, puede.	**Kyllä voit.** [kyllæ uojt]

Aquí está su recibo.	**Tässä on kuittinne.** [tæssæ on kujttinne]
Disculpe por la multa.	**Olen pahoillani sakosta.** [olen pahojllani sakosta]
No pasa nada. Fue culpa mía.	**Ei hätää. Se oli minun vikani.** [ej hætæ:. se oli minun uikani]
Disfrute su viaje.	**Mukavaa matkaa.** [mukaua: matka:]

Taxi

taxi	**taksi** [taksi]
taxista	**taksinkuljettaja** [taksiŋ·kuljettaja]
coger un taxi	**ottaa taksi** [otta: taksi]
parada de taxis	**taksipysäkki** [taksi·pysækki]
¿Dónde puedo coger un taxi?	**Mistä voin saada taksin?** [mistæ ʋojn sa:da taksin?]
llamar a un taxi	**soittaa taksi** [sojtta: taksi]
Necesito un taxi.	**Tarvitsen taksin.** [tarʋitsen taksin]
Ahora mismo.	**Juuri nyt.** [ju:ri nyt]
¿Cuál es su dirección?	**Mikä on osoitteesi?** [mikæ on osojtte:si?]
Mi dirección es ...	**Osoitteeni on ...** [osojtte:ni on ...]
¿Cuál es el destino?	**Mihin olet menossa?** [mihin olet menossa?]
Perdone, ...	**Anteeksi, ...** [ante:ksi, ...]
¿Está libre?	**Oletko vapaa?** [oletko ʋapa:?]
¿Cuánto cuesta ir a ...?	**Kuinka paljon maksaa mennä ...?** [kujŋka paljon maksa: mennæ ...?]
¿Sabe usted dónde está?	**Tiedätkö, missä se on?** [tiedætkø, missæ se on?]
Al aeropuerto, por favor.	**Lentokentälle, kiitos.** [lentokentælle, ki:tos]
Pare aquí, por favor.	**Pysähdy tähän, kiitos.** [pysæhdy tæhæn, ki:tos]
No es aquí.	**Se ei ole täällä.** [se ej ole tæ:llæ]
La dirección no es correcta.	**Tämä on väärä osoite.** [tæmæ on ʋæ:ræ osojte]
Gire a la izquierda.	**Käänny vasemmalle.** [kæ:nny ʋasemmalle]
Gire a la derecha.	**Käänny oikealle.** [kæ:nny ojkealle]

¿Cuánto le debo?

¿Me da un recibo, por favor?

Quédese con el cambio.

Kuinka paljon olen velkaa?
[kujŋka paljon olen velka:?]
Voisinko saada kuitin.
[ʋojsiŋko sa:da kujtin]
Voit pitää vaihtorahat.
[ʋojt pitæ: ʋajhtorahat]

Espéreme, por favor.

cinco minutos

diez minutos

quince minutos

veinte minutos

media hora

Odottaisitko minua?
[odottajsitko minua?]
viisi minuuttia
[ʋi:si minu:ttia]
kymmenen minuuttia
[kymmenen minu:ttia]
viisitoista minuuttia
[ʋi:sitojsta minu:ttia]
kaksikymmentä minuuttia
[kaksikymmentæ minu:ttia]
puoli tuntia
[puoli tuntia]

Hotel

Hola.

Hei.
[hej]

Me llamo ...

Nimeni on ...
[nimeni on ...]

Tengo una reserva.

Minulla on varaus.
[minulla on ʋaraus]

Necesito ...

Tarvitsen ...
[tarʋitsen ...]

una habitación individual

yhden hengen huoneen
[yhden heŋen huone:n]

una habitación doble

kahden hengen huoneen
[kahden heŋen huone:n]

¿Cuánto cuesta?

Kuinka paljon se maksaa?
[kujŋka paljon se maksa:?]

Es un poco caro.

Se on aika kallis.
[se on ajka kallis]

¿Tiene alguna más?

Onko muita vaihtoehtoja?
[oŋko mujta ʋajhtoehtoja?]

Me quedo.

Otan sen.
[otan sen]

Pagaré en efectivo.

Maksan käteisellä.
[maksan kætejsellæ]

Tengo un problema.

Minulla on ongelma.
[minulla on oŋelma]

Mi ... no funciona.

Minun ... on rikki.
[minun ... on rikki]

Mi ... está fuera de servicio.

Minun ... on epäkunnossa.
[minun ... on epækunnossa]

televisión

TV
[teʋe]

aire acondicionado

ilmastointi
[ilmastojnti]

grifo

hana
[hana]

ducha

suihku
[sujhku]

lavabo

allas
[allas]

caja fuerte

kassakaappi
[kassaka:ppi]

cerradura	**oven lukko** [ouen lukko]
enchufe	**pistorasia** [pistorasia]
secador de pelo	**hiustenkuivaaja** [hiusteŋ·kujuɑːjɑ]

No tengo ...	**Huoneessani ei ole ...** [huoneːssɑni ej ole ...]
agua	**vettä** [uettæ]
luz	**valoa** [uɑloɑ]
electricidad	**sähköä** [sæhkøæ]

¿Me puede dar ...?	**Voisitko antaa minulle ...?** [uojsitko ɑntɑː minulle ...?]
una toalla	**pyyhkeen** [pyːhkeːn]
una sábana	**peitteen** [pejtteːn]
unas chanclas	**aamutossut** [ɑːmutossut]
un albornoz	**aamutakin** [ɑːmutɑkin]
un champú	**sampoo** [sɑmpoː]
jabón	**saippuan** [sɑjppuɑn]

Quisiera cambiar de habitación.	**Haluaisin vaihtaa huonetta.** [hɑluɑjsin uɑjhtɑː huonettɑ]
No puedo encontrar mi llave.	**En löydä avaintani.** [en løydæ ɑuɑjntɑni]
Por favor abra mi habitación.	**Voisitko avata huoneeni oven?** [uojsitko ɑuɑtɑ huoneːni ouen?]
¿Quién es?	**Kuka siellä?** [kukɑ siellæ?]
¡Entre!	**Tule sisään!** [tule sisæːn!]
¡Un momento!	**Hetki vain!** [hetki uɑjn!]
Ahora no, por favor.	**Ei juuri nyt, kiitos.** [ej juːri nyt, kiːtos]

Venga a mi habitación, por favor.	**Voisitko tulla huoneeseeni.** [uojsitko tullɑ huoneːseːni]
Quisiera hacer un pedido.	**Haluaisin tilata huonepalvelusta.** [hɑluɑjsin tilɑtɑ huonepɑluelustɑ]
Mi número de habitación es ...	**Huoneeni numero on ...** [huoneːni numero on ...]

Me voy …	**Olen lähdössä …** [olen læhdøssæ …]
Nos vamos …	**Olemme lähdössä …** [olemme læhdøssæ …]
Ahora mismo	**juuri nyt** [ju:ri nyt]
esta tarde	**tänä iltapäivänä** [tænæ iltapæjʋænæ]
esta noche	**tänä iltana** [tænæ iltana]
mañana	**huomenna** [huomenna]
mañana por la mañana	**huomenaamuna** [huomena:muna]
mañana por la noche	**huomenillalla** [huomenillalla]
pasado mañana	**ylihuomenna** [yliɦuomenna]

Quisiera pagar la cuenta.	**Haluaisin maksaa.** [haluajsin maksa:]
Todo ha estado estupendo.	**Kaikki oli mahtavaa.** [kajkki oli mahtaʋa:]
¿Dónde puedo coger un taxi?	**Mistä voin saada taksin?** [mistæ ʋojn sa:da taksin?]
¿Puede llamarme un taxi, por favor?	**Voisitko soittaa minulle taksin, kiitos?** [ʋojsitko sojtta: minulle taksin, ki:tos?]

Restaurante

¿Puedo ver el menú, por favor?	**Saisinko katsoa ruokalistaa, kiitos?** [sɑjsiŋko kɑtsoɑ ruokɑ·listɑ:, ki:tos?]
Mesa para uno.	**Pöytä yhdelle.** [pøytæ yhdelle]
Somos dos (tres, cuatro).	**Meitä on kaksi (kolme, neljä).** [mejtæ on kɑksi (kolme, neljæ)]

Para fumadores	**Tupakointi** [tupɑkojnti]
Para no fumadores	**Tupakointi kielletty** [tupɑkojnti kielletty]
¡Por favor! (llamar al camarero)	**Anteeksi!** [ɑnte:ksi!]
la carta	**ruokalista** [ruokɑ·listɑ]
la carta de vinos	**viinilista** [ʋi:ni·listɑ]
La carta, por favor.	**Ruokalista, kiitos.** [ruokɑ·listɑ, ki:tos]

¿Está listo para pedir?	**Oletteko valmis tilaamaan?** [oletteko ʋɑlmis tilɑ:mɑ:n?]
¿Qué quieren pedir?	**Mitä haluaisitte?** [mitæ hɑluɑjsitte?]
Yo quiero …	**Otan …** [otɑn …]

Soy vegetariano.	**Olen kasvissyöjä.** [olen kɑsʋissyøjæ]
carne	**liha** [lihɑ]
pescado	**kala** [kɑlɑ]
verduras	**vihannekset** [ʋihɑnnekset]
¿Tiene platos para vegetarianos?	**Onko teillä kasvisruokaa?** [oŋko tejllæ kɑsʋisruokɑ:?]
No como cerdo.	**En syö sianlihaa.** [en syø siɑnlihɑ:]
Él /Ella/ no come carne.	**Hän ei syö lihaa.** [hæn ej syø lihɑ:]
Soy alérgico a …	**Olen allerginen …** [olen ɑllerginen …]

¿Me puede traer ..., por favor?

Toisitteko minulle ...
[tojsitteko minulle ...]

sal | pimienta | azúcar

suola | pippuri | sokeri
[suola | pippuri | sokeri]

café | té | postre

kahvi | tee | jälkiruoka
[kahʋi | te: | jælkiruoka]

agua | con gas | sin gas

vesi | hiilihapollinen | tavallinen
[ʋesi | hi:liĥapollinen | taʋallinen]

una cuchara | un tenedor | un cuchillo

lusikka | haarukka | veitsi
[lusikka | ha:rukka | ʋejtsi]

un plato | una servilleta

lautanen | lautasliina
[lautanen | lautasli:na]

¡Buen provecho!

Hyvää ruokahalua!
[hyʋæ: ruokaĥalua!]

Uno más, por favor.

Toinen samanlainen, kiitos.
[tojnen samanlajnen, ki:tos]

Estaba delicioso.

Se oli todella herkullista.
[se oli todella herkullista]

---

la cuenta | el cambio | la propina

lasku | vaihtoraha | tippi
[lasku | ʋajhtoraĥa | tippi]

La cuenta, por favor.

Lasku, kiitos.
[lasku, ki:tos]

¿Puedo pagar con tarjeta?

Voinko maksaa luottokortilla?
[ʋojŋko maksa: luottokortilla?]

Perdone, aquí hay un error.

Olen pahoillani, mutta tässä on virhe.
[olen paĥojllani, mutta tæssæ on ʋirhe]

T&P Books. Guía de conversación Español-Finlandés y diccionario conciso de 1500 palabras

De Compras

¿Puedo ayudarle?	**Voinko auttaa?** [ʋojŋko auttɑ:?]
¿Tiene ...?	**Onko teillä ...?** [oŋko tejllæ ...?]
Busco ...	**Etsin ...** [etsin ...]
Necesito ...	**Tarvitsen ...** [tarʋitsen ...]

Sólo estoy mirando.	**Katselen vain.** [katselen ʋajn]
Sólo estamos mirando.	**Katselemme vain.** [katselemme ʋajn]
Volveré más tarde.	**Palaan takaisin myöhemmin.** [palɑ:n takajsin myøhemmin]
Volveremos más tarde.	**Palaamme takaisin myöhemmin.** [palɑ:mme takajsin myøhemmin]
descuentos | oferta	**alennukset | ale** [alennukset | ale]

Por favor, enséñeme ...	**Näyttäisitkö minulle ...** [næyttæjsitkø minulle ...]
¿Me puede dar ..., por favor?	**Antaisitko minulle ...** [antajsitko minulle ...]
¿Puedo probarmelo?	**Voinko kokeilla tätä?** [ʋojŋko kokejlla tætæ?]
Perdone, ¿dónde están los probadores?	**Anteeksi, missä on sovituskoppi?** [ante:ksi, missæ on soʋituskoppi?]
¿Qué color le gustaría?	**Minkä värisen haluaisitte?** [miŋkæ ʋærisen haluajsitte?]
la talla | el largo	**koko | pituus** [koko | pitu:s]
¿Cómo le queda? (¿Está bien?)	**Kuinka tämä istuu?** [kujŋka tæmæ istu:?]

¿Cuánto cuesta esto?	**Kuinka paljon tämä maksaa?** [kujŋka paljon tæmæ maksɑ:?]
Es muy caro.	**Se on liian kallis.** [se on li:an kallis]
Me lo llevo.	**Otan sen.** [otan sen]
Perdone, ¿dónde está la caja?	**Anteeksi, missä voin maksaa?** [ante:ksi, missæ ʋojn maksɑ:?]

¿Pagará en efectivo o con tarjeta?	**Maksatteko käteisellä vai luottokortilla?** [mɑksɑtteko kætejsellæ ʋɑj luottokortillɑ?]
en efectivo | con tarjeta	**Käteisellä | luottokortilla** [kætejsellæ | luottokortillɑ]

¿Quiere el recibo?	**Haluaisitteko kuitin?** [hɑluɑjsitteko kujtin?]
Sí, por favor.	**Kyllä kiitos.** [kyllæ ki:tos]
No, gracias.	**Ei, en halua.** [ej, en hɑluɑ]
Gracias. ¡Que tenga un buen día!	**Kiitos. Mukavaa päivää!** [ki:tos. mukɑʋɑ: pæjʋæ:!]

En la ciudad

Perdone, por favor.	**Anteeksi.** [ɑnte:ksi]
Busco ...	**Etsin ...** [etsin ...]
el metro	**metro** [metro]
mi hotel	**hotellini** [hotellini]
el cine	**elokuvateatteri** [elokuʋɑ·teɑtteri]
una parada de taxis	**taksipysäkki** [tɑksi·pysækki]

un cajero automático	**pankkiautomaatti** [pɑŋkki·ɑutomɑ:tti]
una oficina de cambio	**valuutanvaihtopiste** [ʋɑlu:tɑnʋɑjhto·piste]
un cibercafé	**Internet-kahvila** [internet·kɑhʋilɑ]
la calle ...	**... katu** [... kɑtu]
este lugar	**tämä paikka** [tæmæ pɑjkkɑ]

¿Sabe usted dónde está ...?	**Tiedättekö, missä on ...?** [tiedætteko, missæ on ...?]
¿Cómo se llama esta calle?	**Mikä katu tämä on?** [mikæ kɑtu tæmæ on?]
Muestreme dónde estamos ahora.	**Voisitteko näyttää minulle, missä me olemme nyt.** [ʋojsitteko næyttæ: minulle, missæ me olemme nyt]
¿Puedo llegar a pie?	**Voiko sinne kävellä?** [ʋojko sinne kæʋellæ?]
¿Tiene un mapa de la ciudad?	**Onko teillä kaupungin karttaa?** [oŋko tejllæ kɑupuŋin kɑrttɑ:?]

¿Cuánto cuesta la entrada?	**Kuinka paljon pääsylippu maksaa?** [kujŋkɑ pɑljon pæ:sylippu mɑksɑ:?]
¿Se pueden hacer fotos aquí?	**Voinko ottaa täällä kuvia?** [ʋojŋko ottɑ: tæ:llæ kuʋiɑ?]
¿Está abierto?	**Oletteko auki?** [oletteko ɑuki?]

¿A qué hora abren?   **Milloin aukeatte?**
[millojn aukeatte?]

¿A qué hora cierran?   **Milloin menette kiinni?**
[millojn menette ki:nni?]

Dinero

dinero	**raha** [rɑħɑ]
efectivo	**käteinen** [kætejnen]
billetes	**setelit** [setelit]
monedas	**pikkuraha** [pikku·rɑħɑ]
la cuenta | el cambio | la propina	**lasku | vaihtoraha | tippi** [lɑsku | ʋɑjhtorɑħɑ | tippi]

la tarjeta de crédito	**luottokortti** [luotto·kortti]
la cartera	**lompakko** [lompɑkko]
comprar	**ostaa** [ostɑ:]
pagar	**maksaa** [mɑksɑ:]
la multa	**sakko** [sɑkko]
gratis	**ilmainen** [ilmɑjnen]

¿Dónde puedo comprar ...?	**Mistä voin ostaa ...?** [mistæ ʋojn ostɑ: ...?]
¿Está el banco abierto ahora?	**Onko pankki nyt auki?** [oŋko pɑŋkki nyt ɑuki?]
¿A qué hora abre?	**Milloin se aukeaa?** [millojn se ɑukeɑ:?]
¿A qué hora cierra?	**Milloin se menee kiinni?** [millojn se mene: ki:nni?]

¿Cuánto cuesta?	**Kuinka paljon?** [kujŋkɑ pɑljon?]
¿Cuánto cuesta esto?	**Kuinka paljon tämä maksaa?** [kujŋkɑ pɑljon tæmæ mɑksɑ:?]
Es muy caro.	**Se on liian kallis.** [se on li:ɑn kɑllis]

Perdone, ¿dónde está la caja?	**Anteeksi, missä voin maksaa?** [ɑnte:ksi, missæ ʋojn mɑksɑ:?]
La cuenta, por favor.	**Lasku, kiitos.** [lɑsku, ki:tos]

¿Puedo pagar con tarjeta?

Voinko maksaa luottokortilla?
[ʋojŋko maksa: luottokortillɑ?]

¿Hay un cajero por aquí?

Onko täällä pankkiautomaattia?
[oŋko tæ:llæ paŋkki·automɑ:ttiɑ?]

Busco un cajero automático.

Etsin pankkiautomaattia.
[etsin paŋkki·automɑ:ttiɑ]

Busco una oficina de cambio.

Etsin valuutanvaihtopistettä.
[etsin ʋalu:tanʋɑjhto·pistettæ]

Quisiera cambiar ...

Haluaisin vaihtaa ...
[haluɑjsin ʋɑjhta: ...]

¿Cuál es el tipo de cambio?

Mikä on vaihtokurssi?
[mikæ on ʋɑjhto·kurssi?]

¿Necesita mi pasaporte?

Tarvitsetteko passini?
[tarʋitsetteko passini?]

Tiempo

¿Qué hora es?	**Paljonko kello on?** [paljoŋko kello on?]
¿Cuándo?	**Milloin?** [millojn?]
¿A qué hora?	**Mihin aikaan?** [mihin ajka:n?]
ahora | luego | después de …	**nyt | myöhemmin | jälkeen …** [nyt | myøhemmin | jælke:n …]

la una	**kello yksi** [kello yksi]
la una y cuarto	**vartin yli yksi** [ʋartin yli yksi]
la una y medio	**puoli kaksi** [puoli kaksi]
las dos menos cuarto	**varttia vaille kaksi** [ʋarttia ʋajlle kaksi]

una | dos | tres	**yksi | kaksi | kolme** [yksi | kaksi | kolme]
cuatro | cinco | seis	**neljä | viisi | kuusi** [neljæ | ʋi:si | ku:si]
siete | ocho | nueve	**seitsemän | kahdeksan | yhdeksän** [sejtsemæn | kahdeksan | yhdeksæn]
diez | once | doce	**kymmenen | yksitoista | kaksitoista** [kymmenen | yksitojsta | kaksitojsta]

en …	**… kuluttua** [… kuluttua]
cinco minutos	**viiden minuutin kuluttua** [ʋi:den minu:tin kuluttua]
diez minutos	**kymmenen minuutin kuluttua** [kymmenen minu:tin kuluttua]
quince minutos	**viidentoista minuutin kuluttua** [ʋi:den·tojsta minu:tin kuluttua]
veinte minutos	**kahdenkymmenen minuutin kuluttua** [kahdeŋkymmenen minu:tin kuluttua]

media hora	**puolen tunnin kuluttua** [puolen tunnin kuluttua]
una hora	**tunnin kuluttua** [tunnin kuluttua]
por la mañana	**aamulla** [a:mulla]

por la mañana temprano	**aikaisin aamulla** [ajkajsin a:mulla]
esta mañana	**tänä aamuna** [tænæ a:muna]
mañana por la mañana	**huomenaamuna** [huomena:muna]

al mediodía	**keskipäivällä** [keskipæjʋællæ]
por la tarde	**iltapäivällä** [ilta·pæjʋællæ]
por la noche	**illalla** [illalla]
esta noche	**tänä iltana** [tænæ iltana]

por la noche	**yöllä** [yøllæ]
ayer	**eilen** [ejlen]
hoy	**tänään** [tænæ:n]
mañana	**huomenna** [huomenna]
pasado mañana	**ylihuomenna** [ylihuomenna]

¿Qué día es hoy?	**Mikä päivä tänään on?** [mikæ pæjʋæ tænæ:n on?]
Es ...	**Tänään on ...** [tænæ:n on ...]
lunes	**maanantai** [ma:nantaj]
martes	**tiistai** [ti:staj]
miércoles	**keskiviikko** [keskiʋi:kko]

jueves	**torstai** [torstaj]
viernes	**perjantai** [perjantaj]
sábado	**lauantai** [lauantaj]
domingo	**sunnuntai** [sunnuntaj]

Saludos. Presentaciones.

Hola.

Hei.
[hej]

Encantado /Encantada/ de conocerle.

Mukava tavata.
[mukɑʋɑ tɑʋɑtɑ]

Yo también.

Samoin.
[sɑmojn]

Le presento a …

Saanko esitellä …
[sɑːŋko esitellæ …]

Encantado.

Hauska tavata.
[hɑuskɑ tɑʋɑtɑ]

¿Cómo está?

Kuinka voit?
[kujŋkɑ ʋojt?]

Me llamo …

Nimeni on …
[nimeni on …]

Se llama …

Hänen nimensä on …
[hænen nimensæ on …]

Se llama …

Hänen nimensä on …
[hænen nimensæ on …]

¿Cómo se llama (usted)?

Mikä sinun nimesi on?
[mikæ sinun nimesi on?]

¿Cómo se llama (él)?

Mikä hänen nimensä on?
[mikæ hænen nimensæ on?]

¿Cómo se llama (ella)?

Mikä hänen nimensä on?
[mikæ hænen nimensæ on?]

¿Cuál es su apellido?

Mikä on sukunimesi?
[mikæ on sukunimesi?]

Puede llamarme …

Voit soittaa minulle …
[ʋojt sojttɑː minulle …]

¿De dónde es usted?

Mistä olet kotoisin?
[mistæ olet kotojsin?]

Yo soy de ….

Olen …
[olen …]

¿A qué se dedica?

Mitä teet työksesi?
[mitæ teːt tyøksesi?]

¿Quién es?

Kuka tämä on?
[kukɑ tæmæ on?]

¿Quién es él?

Kuka hän on?
[kukɑ hæn on?]

¿Quién es ella?

Kuka hän on?
[kukɑ hæn on?]

¿Quiénes son?

Keitä he ovat?
[kejtæ he oʋɑt?]

Este es ...	**Tämä on ...** [tæmæ on ...]
mi amigo	**ystäväni** [ystæʋæni]
mi amiga	**ystäväni** [ystæʋæni]
mi marido	**mieheni** [mieĥeni]
mi mujer	**vaimoni** [ʋajmoni]

mi padre	**isäni** [isæni]
mi madre	**äitini** [æjtini]
mi hermano	**veljeni** [ʋeljeni]
mi hermana	**siskoni** [siskoni]
mi hijo	**poikani** [pojkani]
mi hija	**tyttäreni** [tyttæreni]

Este es nuestro hijo.	**Tämä on poikamme.** [tæmæ on pojkamme]
Esta es nuestra hija.	**Tämä on tyttäremme.** [tæmæ on tyttæremme]
Estos son mis hijos.	**Nämä ovat lapsiani.** [næmæ oʋat lapsiani]
Estos son nuestros hijos.	**Nämä ovat lapsiamme.** [næmæ oʋat lapsiamme]

Despedidas

¡Adiós!	**Näkemiin!** [nækemi:n!]
¡Chau!	**Hei hei!** [hej hej!]
Hasta mañana.	**Nähdään huomenna.** [næhdæ:n huomenna]
Hasta pronto.	**Nähdään pian.** [næhdæ:n pian]
Te veo a las siete.	**Nähdään seitsemältä.** [næhdæ:n sejtsemæltæ]

¡Que se diviertan!	**Pitäkää hauskaa!** [pitækæ: hauska:!]
Hablamos más tarde.	**Jutellaan myöhemmin.** [jutella:n myøhemmin]
Que tengas un buen fin de semana.	**Hyvää viikonloppua!** [hyuæ: ui:konloppua!]
Buenas noches.	**Hyvää yötä.** [hyuæ: yøtæ]

Es hora de irme.	**Minun on aika lähteä.** [minun on ajka læhteæ]
Tengo que irme.	**Minun täytyy lähteä.** [minun tæyty: læhteæ]
Ahora vuelvo.	**Tulen kohta takaisin.** [tulen kohta takajsin]

Es tarde.	**On myöhä.** [on myøhæ]
Tengo que levantarme temprano.	**Minun täytyy nousta aikaisin.** [minun tæyty: nousta ajkajsin]
Me voy mañana.	**Lähden huomenna.** [læhden huomenna]
Nos vamos mañana.	**Lähdemme huomenna.** [læhdemme huomenna]

¡Que tenga un buen viaje!	**Hyvää matkaa!** [hyuæ: matka:!]
Ha sido un placer.	**Oli mukava tavata.** [oli mukaua tauata]
Fue un placer hablar con usted.	**Oli mukava jutella.** [oli mukaua jutella]
Gracias por todo.	**Kiitos kaikesta.** [ki:tos kajkesta]

Lo he pasado muy bien.	**Minulla oli tosi hauskaa.** [minulla oli tosi hauskaː]
Lo pasamos muy bien.	**Meillä oli tosi hauskaa.** [mejllæ oli tosi hauskaː]
Fue genial.	**Se oli tosi mahtavaa.** [se oli tosi mɑhtɑʋɑː]
Le voy a echar de menos.	**Tulen kaipaamaan sinua.** [tulen kɑjpɑːmɑːn sinuɑ]
Le vamos a echar de menos.	**Tulemme kaipaamaan sinua /teitä/.** [tulemme kɑjpɑːmɑːn sinuɑ /tejtæ/]

¡Suerte!	**Onnea matkaan!** [onnea mɑtkɑːn!]
Saludos a …	**Kerro terveisiä …** [kerro terʋejsiæ …]

Idioma extranjero

No entiendo.	**En ymmärrä.** [en ymmærræ]
Escríbalo, por favor.	**Voisitko kirjoittaa sen.** [ʋojsitko kirjoittɑ: sen]
¿Habla usted ...?	**Puhutko ...?** [puhutko ...?]

Hablo un poco de ...	**Puhun vähän ...** [puhun ʋæɦæn ...]
inglés	**englantia** [eŋlɑntiɑ]
turco	**turkkia** [turkkiɑ]
árabe	**arabiaa** [ɑrɑbiɑ:]
francés	**ranskaa** [rɑnskɑ:]

alemán	**saksaa** [sɑksɑ:]
italiano	**italiaa** [itɑliɑ:]
español	**espanjaa** [espɑnjɑ:]
portugués	**portugalia** [portugɑliɑ]
chino	**kiinaa** [ki:nɑ:]
japonés	**japania** [jɑpɑniɑ]

¿Puede repetirlo, por favor?	**Voisitko toistaa, kiitos.** [ʋojsitko tojstɑ:, ki:tos]
Lo entiendo.	**Ymmärrän.** [ymmærræn]
No entiendo.	**En ymmärrä.** [en ymmærræ]
Hable más despacio, por favor.	**Voisitko puhua hitaammin.** [ʋojsitko puɦuɑ hitɑ:mmin]

¿Está bien?	**Onko tämä oikein?** [oŋko tæmæ ojkejn?]
¿Qué es esto? (¿Que significa esto?)	**Mikä tämä on?** [mikæ tæmæ on?]

Disculpas

Perdone, por favor.

Anteeksi.
[ante:ksi]

Lo siento.

Olen pahoillani.
[olen pahojllani]

Lo siento mucho.

Olen todella pahoillani.
[olen todella pahojllani]

Perdón, fue culpa mía.

Anteeksi, se on minun vikani.
[ante:ksi, se on minun vikani]

Culpa mía.

Minun virheeni.
[minun virhe:ni]

¿Puedo …?

Saanko …?
[sa:ŋko …?]

¿Le molesta si …?

Haittaakko jos …?
[hajtta:kko jos …?]

¡No hay problema! (No pasa nada.)

Se on OK.
[se on ok]

Todo está bien.

Ole hyvä.
[ole hyvæ]

No se preocupe.

Ei tarvitse kiittää.
[ej tarvitse ki:ttæ:]

Acuerdos

Sí.	**Kyllä.** [kyllæ]
Sí, claro.	**Kyllä, varmasti.** [kyllæ, ʋɑrmɑsti]
Bien.	**OK! Hyvä!** [ok! hyʋæ!]
Muy bien.	**Hyvä on.** [hyʋæ on]
¡Claro que sí!	**Totta kai!** [tottɑ kɑj!]
Estoy de acuerdo.	**Olen samaa mieltä.** [olen sɑmɑ: mieltæ]

Es verdad.	**Näin se on.** [næjn se on]
Es correcto.	**Juuri niin.** [ju:ri ni:n]
Tiene razón.	**Olet oikeassa.** [olet ojkeɑssɑ]
No me molesta.	**Ei se minua haittaa.** [ej se minuɑ hɑjttɑ:]
Es completamente cierto.	**Täysin oikein.** [tæysin ojkejn]

Es posible.	**Se on mahdollista.** [se on mɑhdollistɑ]
Es una buena idea.	**Tuo on hyvä idea.** [tuo on hyʋæ ideɑ]
No puedo decir que no.	**En voi kieltäytyä.** [en ʋoj kieltæytyæ]
Estaré encantado /encantada/.	**Mielelläni.** [mielellæni]
Será un placer.	**Mielihyvin.** [mielihyʋin]

Rechazo. Expresar duda

No.

Ei.
[ej]

Claro que no.

Ei todellakaan.
[ej todellaka:n]

No estoy de acuerdo.

En ole samaa mieltä.
[en ole sama: mieltæ]

No lo creo.

En usko.
[en usko]

No es verdad.

Se ei ole totta.
[se ej ole totta]

No tiene razón.

Olet väärässä.
[olet ʋæ:ræssæ]

Creo que no tiene razón.

Luulen, että olet väärässä.
[lu:len, ettæ olet ʋæ:ræssæ]

No estoy seguro /segura/.

En ole varma.
[en ole ʋarma]

No es posible.

Se on mahdotonta.
[se on mahdotonta]

¡Nada de eso!

Ei mitään sellaista!
[ej mitæ:n sellajsta!]

Justo lo contrario.

Täysin päinvastoin.
[tæysin pæjnʋastojn]

Estoy en contra de ello.

Vastustan sitä.
[ʋastustan sitæ]

No me importa. (Me da igual.)

En välitä.
[en ʋælitæ]

No tengo ni idea.

Minulla ei ole aavistustakaan.
[minulla ej ole a:ʋistustaka:n]

Dudo que sea así.

Epäilen sitä.
[epæjlen sitæ]

Lo siento, no puedo.

Olen pahoillani, mutta en voi.
[olen paɦojllani, mutta en ʋoj]

Lo siento, no quiero.

Olen pahoillani, mutta en halua.
[olen paɦojllani, mutta en haluα]

Gracias, pero no lo necesito.

Kiitos, mutta en tarvitse tätä.
[ki:tos, mutta en tarʋitse tætæ]

Ya es tarde.

Alkaa olla jo myöhä.
[alka: olla jo myøhæ]

Tengo que levantarme temprano.

Minun täytyy nousta aikaisin.
[minun tæyty: nousta ajkajsin]

Me encuentro mal.

En voi hyvin.
[en voj hyvin]

Expresar gratitud

Gracias.	**Kiitos.** [ki:tos]
Muchas gracias.	**Tuhannet kiitokset.** [tuhannet ki:tokset]
De verdad lo aprecio.	**Arvostan sitä todella.** [aruostan sitæ todella]
Se lo agradezco.	**Olen tosi kiitollinen sinulle.** [olen tosi ki:tollinen sinulle]
Se lo agradecemos.	**Olemme tosi kiitollisia sinulle.** [olemme tosi ki:tollisia sinulle]

Gracias por su tiempo.	**Kiitos ajastasi.** [ki:tos ajastasi]
Gracias por todo.	**Kiitos kaikesta.** [ki:tos kajkesta]
Gracias por ...	**Kiitos ...** [ki:tos ...]
su ayuda	**avustasi** [auustasi]
tan agradable momento	**mukavasta ajasta** [mukauasta ajasta]

una comida estupenda	**ihanasta ateriasta** [ihanasta ateriasta]
una velada tan agradable	**mukavasta illasta** [mukauasta illasta]
un día maravilloso	**ihanasta päivästä** [ihanasta pæjuæstæ]
un viaje increíble	**mahtavasta matkasta** [mahtauasta matkasta]

No hay de qué.	**Ei kestä.** [ej kestæ]
De nada.	**Ole hyvä.** [ole hyuæ]
Siempre a su disposición.	**Eipä kestä.** [ejpæ kestæ]
Encantado /Encantada/ de ayudarle.	**Ilo on kokonaan minun puolellani.** [ilo on kokona:n minun puolellani]
No hay de qué.	**Unohda se.** [unohda se]
No tiene importancia.	**Ei tarvitse kiittää.** [ej taruitse ki:ttæ:]

Felicitaciones , Mejores Deseos

¡Felicidades!	**Onnittelut!** [onnittelut!]
¡Feliz Cumpleaños!	**Hyvää syntymäpäivää!** [hyʋæ: syntymæpæjʋæ:!]
¡Feliz Navidad!	**Hyvää joulua!** [hyʋæ: joulua!]
¡Feliz Año Nuevo!	**Onnellista Uutta Vuotta!** [onnellista u:tta ʋuotta!]

¡Felices Pascuas!	**Hyvää Pääsiäistä!** [hyʋæ: pæ:siæjstæ!]
¡Feliz Hanukkah!	**Onnellista Hanukka!** [onnellista hanukka!]

Quiero brindar.	**Haluaisin ehdottaa maljaa.** [haluajsin ehdotta: malja:]
¡Salud!	**Kippis!** [kippis!]
¡Brindemos por ...!	**Malja ...!** [malja ...!]
¡A nuestro éxito!	**Menestykselle!** [menestykselle!]
¡A su éxito!	**Menestyksellesi!** [menestyksellesi!]

¡Suerte!	**Onnea matkaan!** [onnea matka:n!]
¡Que tenga un buen día!	**Mukavaa päivää!** [mukaʋa: pæjʋæ:!]
¡Que tenga unas buenas vacaciones!	**Mukavaa lomaa!** [mukaʋa: loma:!]
¡Que tenga un buen viaje!	**Turvallista matkaa!** [turʋallista matka:!]
¡Espero que se recupere pronto!	**Toivon että paranet pian!** [tojʋon ettæ paranet pian!]

Socializarse

¿Por qué está triste?	**Miksi olet surullinen?** [miksi olet surullinen?]
¡Sonría! ¡Animese!	**Hymyile! Piristy!** [hymyile! piristy!]
¿Está libre esta noche?	**Oletko vapaa tänä iltana?** [oletko ʋapa: tænæ iltana?]

¿Puedo ofrecerle algo de beber?	**Voinko tarjota sinulle juotavaa?** [ʋojŋko tarjota sinulle juotaʋa:?]
¿Querría bailar conmigo?	**Haluaisitko tulla tanssimaan?** [haluajsitko tulla tanssima:n?]
Vamos a ir al cine.	**Mennään elokuviin.** [mennæ:n elokuʋi:n]

¿Puedo invitarle a …?	**Saanko kutsua sinut …?** [sa:ŋko kutsua sinut …?]
un restaurante	**ravintolaan** [raʋintola:n]
el cine	**elokuviin** [elokuʋi:n]
el teatro	**teatteriin** [teatteri:n]
dar una vuelta	**kävelylle** [kæʋelylle]

¿A qué hora?	**Mihin aikaan?** [miɦin ajka:n?]
esta noche	**tänä iltana** [tænæ iltana]
a las seis	**kuudelta** [ku:delta]
a las siete	**seitsemältä** [sejtsemæltæ]
a las ocho	**kahdeksalta** [kahdeksalta]
a las nueve	**yhdeksältä** [yhdeksæltæ]

¿Le gusta este lugar?	**Pidätkö tästä paikasta?** [pidætkø tæstæ pajkasta?]
¿Está aquí con alguien?	**Oletko täällä jonkun kanssa?** [oletko tæ:llæ joŋkun kanssa?]
Estoy con mi amigo /amiga/.	**Olen ystäväni kanssa.** [olen ystæʋæni kanssa]

Estoy con amigos.	**Olen ystävieni kanssa.** [olen ystævieni kɑnssɑ]
No, estoy solo /sola/.	**Ei, olen yksin.** [ej, olen yksin]

¿Tienes novio?	**Onko sinulla poikaystävää?** [oŋko sinulla pojka·ystæuæ:?]
Tengo novio.	**Minulla on poikaystävä.** [minulla on pojka·ystæuæ]
¿Tienes novia?	**Onko sinulla tyttöystävää?** [oŋko sinulla tyttø·ystæuæ:?]
Tengo novia.	**Minulla on tyttöystävä.** [minulla on tyttø·ystæuæ]

¿Te puedo volver a ver?	**Saanko tavata sinut uudelleen?** [sɑ:ŋko tɑvɑtɑ sinut u:delle:n?]
¿Te puedo llamar?	**Saanko soittaa sinulle?** [sɑ:ŋko sojttɑ: sinulle?]
Llámame.	**Soita minulle.** [sojtɑ minulle]
¿Cuál es tu número?	**Mikä on puhelinnumerosi?** [mikæ on puĥelin·numerosi?]
Te echo de menos.	**Kaipaan sinua.** [kɑjpɑ:n sinuɑ]

¡Qué nombre tan bonito!	**Sinulla on kaunis nimi.** [sinulla on kɑunis nimi]
Te quiero.	**Rakastan sinua.** [rɑkɑstɑn sinuɑ]
¿Te casarías conmigo?	**Menisitkö naimisiin kanssani?** [menisitkø nɑjmisi:n kɑnssɑni?]
¡Está de broma!	**Lasket leikkiä!** [lɑsket lejkkiæ!]
Sólo estoy bromeando.	**Lasken vain leikkiä.** [lɑsken uɑjn lejkkiæ]

¿En serio?	**Oletko tosissasi?** [oletko tosissɑsi?]
Lo digo en serio.	**Olen tosissani.** [olen tosissɑni]
¿De verdad?	**Ihanko totta?!** [iĥɑŋko tottɑ?!]
¡Es increíble!	**Se on uskomatonta!** [se on uskomɑtontɑ!]
No le creo.	**En usko sinua.** [en usko sinuɑ]
No puedo.	**En voi.** [en uoj]
No lo sé.	**En tiedä.** [en tiedæ]
No le entiendo.	**En ymmärrä sinua.** [en ymmærræ sinuɑ]

Váyase, por favor.

¡Déjeme en paz!

Ole hyvä mene pois.
[ole hyʋæ mene pojs]
Jätä minut rauhaan!
[jætæ minut rɑuhɑːn!]

Es inaguantable.

¡Es un asqueroso!

¡Llamaré a la policía!

En voi sietää häntä.
[en ʋoj sietæː hæntæ]
Olet inhottava!
[olet inhottɑʋɑ!]
Soitan poliisille!
[sojtɑn poliːsille!]

Compartir impresiones. Emociones

Me gusta.	**Pidän siitä.** [pidæn si:tæ]
Muy lindo.	**Tosi kiva.** [tosi kiʋa]
¡Es genial!	**Sepä hienoa!** [sepæ hienoa!]
No está mal.	**Ei huono.** [ej huono]

No me gusta.	**En pidä siitä.** [en pidæ si:tæ]
No está bien.	**Se ei ole hyvä.** [se ej ole hyʋæ]
Está mal.	**Se on huono.** [se on huono]
Está muy mal.	**Se on tosi huono.** [se on tosi huono]
¡Qué asco!	**Se on inhottava.** [se on inhottaʋa]

Estoy feliz.	**Olen onnellinen.** [olen onnellinen]
Estoy contento /contenta/.	**Olen tyytyväinen.** [olen ty:tyʋæjnen]
Estoy enamorado /enamorada/.	**Olen rakastunut.** [olen rakastunut]
Estoy tranquilo.	**Olen rauhallinen.** [olen rauʰallinen]
Estoy aburrido.	**Olen tylsistynyt.** [olen tylsistynyt]

Estoy cansado /cansada/.	**Olen väsynyt.** [olen ʋæsynyt]
Estoy triste.	**Olen surullinen.** [olen surullinen]
Estoy asustado.	**Olen peloissani.** [olen pelojssani]
Estoy enfadado /enfadada/.	**Olen vihainen.** [olen ʋiʰajnen]

Estoy preocupado /preocupada/.	**Olen huolissani.** [olen huolissani]
Estoy nervioso /nerviosa/.	**Olen hermostunut.** [olen hermostunut]

Estoy celoso /celosa/.

Olen mustasukkainen.
[olen mustasukkajnen]

Estoy sorprendido /sorprendida/.

Olen yllättynyt.
[olen yllættynyt]

Estoy perplejo /perpleja/.

Olen hämilläni.
[olen hæmillæni]

Problemas, Accidentes

Tengo un problema.

Minulla on ongelma.
[minulla on oŋelma]

Tenemos un problema.

Meillä on ongelma.
[mejllæ on oŋelma]

Estoy perdido /perdida/.

Olen eksynyt.
[olen eksynyt]

Perdí el último autobús (tren).

Myöhästyin viimeisestä bussista (junasta).
[myøhæstyin ʋi:mejsestæ bussista (junasta)]

No me queda más dinero.

Minulla ei ole ollenkaan rahaa jäljellä.
[minulla ej ole olleŋka:n raɦa: jæljellæ]

He perdido …

Olen hukannut …
[olen hukannut …]

Me han robado …

Joku varasti minun …
[joku ʋarasti minun …]

mi pasaporte

passini
[passini]

mi cartera

lompakkoni
[lompakkoni]

mis papeles

paperini
[paperini]

mi billete

lippuni
[lippuni]

mi dinero

rahani
[raɦani]

mi bolso

käsilaukkuni
[kæsilaukkuni]

mi cámara

kamerani
[kamerani]

mi portátil

kannettava tietokone
[kannettaʋa tietokone]

mi tableta

tablettini
[tablettini]

mi teléfono

kännykkäni
[kænnykkæni]

¡Ayúdeme!

Auta minua!
[auta minua!]

¿Qué pasó?

Mitä on tapahtunut?
[mitæ on tapahtunut?]

el incendio	**tulipalo** [tulipɑlo]
un tiroteo	**ampuminen** [ɑmpuminen]
el asesinato	**murha** [murhɑ]
una explosión	**räjähdys** [ræjæhdys]
una pelea	**tappelu** [tɑppelu]

¡Llame a la policía!	**Soita poliisille!** [sojtɑ poli:sille!]
¡Más rápido, por favor!	**Pidä kiirettä!** [pidæ ki:rettæ!]
Busco la comisaría.	**Etsin poliisiasemaa.** [etsin poli:si·ɑsemɑ:]
Tengo que hacer una llamada.	**Minun täytyy soittaa.** [minun tæyty· sojttɑ:]
¿Puedo usar su teléfono?	**Saanko käyttää puhelintasi?** [sɑ:ŋko kæyttæ: puhelintɑsi?]

Me han …	**Minut on …** [minut on …]
asaltado /asaltada/	**ryöstetty** [ryøstetty]
robado /robada/	**ryöstetty** [ryøstetty]
violada	**raiskattu** [rɑjskɑttu]
atacado /atacada/	**pahoinpidelty** [pɑhojnpidelty]

¿Se encuentra bien?	**Oletko kunnossa?** [oletko kunnossɑ?]
¿Ha visto quien a sido?	**Näitkö, kuka se oli?** [næjtkø, kukɑ se oli?]
¿Sería capaz de reconocer a la persona?	**Pystyisitkö tunnistamaan henkilön?** [pystyisitkø tunnistɑmɑ:n heŋkiløn?]
¿Está usted seguro?	**Oletko varma?** [oletko ʋɑrmɑ?]

Por favor, cálmese.	**Rauhoitu.** [rɑuhojtu]
¡Cálmese!	**Rentoudu!** [rentoudu!]
¡No se preocupe!	**Älä huolehdi!** [ælæ huolehdi!]
Todo irá bien.	**Kaikki järjestyy.** [kɑjkki jærjesty:]
Todo está bien.	**Kaikki on kunnossa.** [kɑjkki on kunnossɑ]

Venga aquí, por favor.

Tule tänne.
[tule tænne]

Tengo unas preguntas para usted.

Minulla on joitakin kysymyksiä sinulle.
[minulla on joitakin kysymyksiæ sinulle]

Espere un momento, por favor.

Odota hetki.
[odota hetki]

¿Tiene un documento de identidad?

Onko sinulla henkilötodistus?
[oŋko sinulla heŋkilø·todistus?]

Gracias. Puede irse ahora.

Kiitos. Voit nyt lähteä.
[ki:tos. ʋojt nyt læhteæ]

¡Manos detrás de la cabeza!

Kädet pään taakse!
[kædet pæ:n ta:kse!]

¡Está arrestado!

Sinut on pidätetty!
[sinut on pidætetty!]

Problemas de salud

Ayudeme, por favor.	**Voisitko auttaa minua.** [ʋojsitko autta: minua]
No me encuentro bien.	**En voi hyvin.** [en ʋoj hyʋin]
Mi marido no se encuentra bien.	**Mieheni ei voi hyvin.** [mieɦeni ej ʋoj hyʋin]
Mi hijo …	**Poikani …** [pojkani …]
Mi padre …	**Isäni …** [isæni …]
Mi mujer no se encuentra bien.	**Vaimoni ei voi hyvin.** [ʋajmoni ej ʋoj hyʋin]
Mi hija …	**Tyttäreni …** [tyttæreni …]
Mi madre …	**Äitini …** [æjtini …]
Me duele …	**Minulla on …** [minulla on …]
la cabeza	**päänsärky** [pæ:nsærky]
la garganta	**kipeä kurkku** [kipeæ kurkku]
el estómago	**vatsakipu** [ʋatsakipu]
un diente	**hammassärky** [hammas·særky]
Estoy mareado.	**Minua huimaa.** [minua hujma:]
Él tiene fiebre.	**Hänellä on kuumetta.** [hænellæ on ku:metta]
Ella tiene fiebre.	**Hänellä on kuumetta.** [hænellæ on ku:metta]
No puedo respirar.	**En voi hengittää.** [en ʋoj heɲittæ:]
Me ahogo.	**Olen hengästynyt.** [olen heɲæstynyt]
Tengo asma.	**Minulla on astma.** [minulla on astma]
Tengo diabetes.	**Minulla on diabetes.** [minulla on diabetes]

No puedo dormir.	**En voi nukkua.** [en ʋoj nukkua]
intoxicación alimentaria	**ruokamyrkytys** [ruoka·myrkytys]

Me duele aquí.	**Minua sattuu tästä.** [minua sattu: tæstæ]
¡Ayúdeme!	**Auta minua!** [auta minua!]
¡Estoy aquí!	**Olen täällä!** [olen tæ:llæ!]
¡Estamos aquí!	**Olemme täällä!** [olemme tæ:llæ!]
¡Saquenme de aquí!	**Päästä minut pois täältä!** [pæ:stæ minut pojs tæ:ltæ!]
Necesito un médico.	**Tarvitsen lääkärin.** [tarʋitsen læ:kærin]
No me puedo mover.	**En voi liikkua.** [en ʋoj li:kkua]
No puedo mover mis piernas.	**En voi liikuttaa jalkojani.** [en ʋoj li:kutta: jalkojani]

Tengo una herida.	**Minulla on haava.** [minulla on ha:ʋa]
¿Es grave?	**Onko se vakavaa?** [oŋko se ʋakaʋa:?]
Mis documentos están en mi bolsillo.	**Asiakirjani ovat taskussani.** [asiakirjani oʋat taskussani]
¡Cálmese!	**Rauhoitu!** [rauhojtu!]
¿Puedo usar su teléfono?	**Saanko käyttää puhelintasi?** [sa:ŋko kæyttæ: puhelintasi?]

¡Llame a una ambulancia!	**Soita ambulanssi!** [sojta ambulanssi!]
¡Es urgente!	**Tämä on kiireellistä!** [tæmæ on ki:re:llistæ!]
¡Es una emergencia!	**Tämä on hätätilanne!** [tæmæ on hætætilanne!]
¡Más rápido, por favor!	**Pidä kiirettä!** [pidæ ki:rettæ!]
¿Puede llamar a un médico, por favor?	**Soittaisitko lääkärin?** [sojttajsitko læ:kærin?]
¿Dónde está el hospital?	**Missä sairaala on?** [missæ sajra:la on?]

¿Cómo se siente?	**Kuinka voit?** [kujŋka ʋojt?]
¿Se encuentra bien?	**Oletko kunnossa?** [oletko kunnossa?]
¿Qué pasó?	**Mitä on tapahtunut?** [mitæ on tapahtunut?]

Me encuentro mejor.

Voin nyt paremmin.
[ʋojn nyt pɑremmin]

Está bien.

Se on okei.
[se on okej]

Todo está bien.

Se on hyvä.
[se on hyʋæ]

En la farmacia

la farmacia	**apteekki** [ɑpte:kki]
la farmacia 24 horas	**päivystävä apteekki** [pæjʋystæʋæ ɑpte:kki]
¿Dónde está la farmacia más cercana?	**Missä on lähin apteekki?** [missæ on læhin ɑpte:kki?]

¿Está abierta ahora?	**Onko se nyt auki?** [oŋko se nyt ɑuki?]
¿A qué hora abre?	**Milloin se aukeaa?** [millojn se ɑukeɑ:?]
¿A qué hora cierra?	**Milloin se menee kiinni?** [millojn se mene: ki:nni?]

¿Está lejos?	**Onko se kaukana?** [oŋko se kɑukɑnɑ?]
¿Puedo llegar a pie?	**Voiko sinne kävellä?** [ʋojko sinne kæʋellæ?]
¿Puede mostrarme en el mapa?	**Voitko näyttää minulle kartalta?** [ʋojtko næyttæ: minulle kɑrtɑltɑ?]

Por favor, deme algo para ...	**Voisitko antaa minulle jotakin ...** [ʋojsitko ɑntɑ: minulle jotɑkin ...]
un dolor de cabeza	**päänsärkyyn** [pæ:nsærky:n]
la tos	**yskään** [yskæ:n]
el resfriado	**vilustumiseen** [ʋilustumise:n]
la gripe	**flunssaan** [flunssɑ:n]

la fiebre	**kuumeeseen** [ku:me:se:n]
un dolor de estomago	**vatsakipuun** [ʋɑtsɑkipu:n]
nauseas	**pahoinvointiin** [pɑhojnʋojnti:n]
la diarrea	**ripuliin** [ripuli:n]
el estreñimiento	**ummetukseen** [ummetukse:n]
un dolor de espalda	**selkäkipuun** [selkæ·kipu:n]

un dolor de pecho	**rintakipuun** [rinta·kipu:n]
el flato	**pistävään kipuun kyljessä** [pistæʋæ:n kipu:n kyljessæ]
un dolor abdominal	**vatsakipuun** [ʋatsakipu:n]

la píldora	**pilleri** [pilleri]
la crema	**voide** [ʋojde]
el jarabe	**nestemäinen lääke** [nestemæjnen læ:ke]
el spray	**suihke** [sujhke]
las gotas	**tipat** [tipɑt]

Tiene que ir al hospital.	**Sinun täytyy mennä sairaalaan.** [sinun tæyty: mennæ sɑjrɑ:lɑ:n]
el seguro de salud	**vakuutus** [ʋɑku:tus]
la receta	**resepti** [resepti]
el repelente de insectos	**hyönteiskarkote** [hyøntejs·kɑrkote]
la curita	**laastari** [lɑ:stɑri]

Lo más imprescindible

Perdone, ...	**Anteeksi, ...** [ɑnte:ksi, ...]
Hola.	**Hei.** [hej]
Gracias.	**Kiitos.** [ki:tos]

Sí.	**Kyllä.** [kyllæ]
No.	**Ei.** [ej]
No lo sé.	**En tiedä.** [en tiedæ]
¿Dónde? | ¿A dónde? | ¿Cuándo?	**Missä? | Minne? | Milloin?** [missæ? | minne? | millojn?]

Necesito ...	**Tarvitsen ...** [tɑrʋitsen ...]
Quiero ...	**Haluan ...** [hɑluɑn ...]
¿Tiene ...?	**Onko sinulla ...?** [oŋko sinulla ...?]
¿Hay ... por aquí?	**Onko täällä ...?** [oŋko tæ:llæ ...?]
¿Puedo ...?	**Voinko ...?** [ʋojŋko ...?]
..., por favor? (petición educada)	**..., kiitos** [..., ki:tos]

Busco ...	**Etsin ...** [etsin ...]
el servicio	**WC** [ʋese]
un cajero automático	**pankkiautomaatti** [pɑŋkki·ɑutomɑ:tti]
una farmacia	**apteekki** [ɑpte:kki]
el hospital	**sairaala** [sɑjrɑ:lɑ]

| la comisaría | **poliisiasema**
[poli:si·ɑsemɑ] |
| el metro | **metro**
[metro] |

un taxi	**taksi** [taksi]
la estación de tren	**rautatieasema** [rautatie·asema]

Me llamo …	**Nimeni on …** [nimeni on …]
¿Cómo se llama?	**Mikä sinun nimesi on?** [mikæ sinun nimesi on?]
¿Puede ayudarme, por favor?	**Voisitko auttaa minua?** [ʋojsitko autta: minua?]
Tengo un problema.	**Minulla on ongelma.** [minulla on oŋelma]
Me encuentro mal.	**En voi hyvin.** [en ʋoj hyʋin]
¡Llame a una ambulancia!	**Soita ambulanssi!** [sojta ambulanssi!]
¿Puedo llamar, por favor?	**Voisinko soittaa?** [ʋojsiŋko sojtta:?]

Lo siento.	**Olen pahoillani.** [olen paɦojllani]
De nada.	**Ole hyvä.** [ole hyʋæ]

Yo	**minä | mä** [minæ | mæ]
tú	**sinä | sä** [sinæ | sæ]
él	**hän | se** [hæn | se]
ella	**hän | se** [hæn | se]
ellos	**he | ne** [he | ne]
ellas	**he | ne** [he | ne]
nosotros /nosotras/	**me** [me]
ustedes, vosotros	**te** [te]
usted	**sinä** [sinæ]

ENTRADA	**SISÄÄN** [sisæ:n]
SALIDA	**ULOS** [ulos]
FUERA DE SERVICIO	**EPÄKUNNOSSA** [epækunnossa]
CERRADO	**SULJETTU** [suljettu]

ABIERTO

AVOIN
[ɑʋojn]

PARA SEÑORAS

NAISILLE
[nɑjsille]

PARA CABALLEROS

MIEHILLE
[mieɦille]

DICCIONARIO CONCISO

Esta sección contiene más
de 1.500 palabras útiles.
El diccionario incluye muchos
términos gastronómicos
y será de gran ayuda para
pedir alimentos en un
restaurante o comprando
comestibles en la tienda

T&P Books Publishing

CONTENIDO
DEL DICCIONARIO

T&P Books Publishing

tiempo (m)	aika	[ɑjkɑ]
hora (f)	tunti	[tunti]
media hora (f)	puoli tuntia	[puoli tuntia]
minuto (m)	minuutti	[minuːtti]
segundo (m)	sekunti	[sekunti]
hoy (adv)	tänään	[tænæːn]
mañana (adv)	huomenna	[huomennɑ]
ayer (adv)	eilen	[ejlen]
lunes (m)	maanantai	[mɑːnɑntɑj]
martes (m)	tiistai	[tiːstɑj]
miércoles (m)	keskiviikko	[keskiʋiːkko]
jueves (m)	torstai	[torstɑj]
viernes (m)	perjantai	[perjɑntɑj]
sábado (m)	lauantai	[lɑuɑntɑj]
domingo (m)	sunnuntai	[sunnuntɑj]
día (m)	päivä	[pæejʋæ]
día (m) de trabajo	työpäivä	[tyø·pæejʋæ]
día (m) de fiesta	juhlapäivä	[juhlɑ·pæejʋæ]
fin (m) de semana	viikonloppu	[ʋiːkon·loppu]
semana (f)	viikko	[ʋiːkko]
semana (f) pasada	viime viikolla	[ʋiːme ʋiːkollɑ]
semana (f) que viene	ensi viikolla	[ensi ʋiːkollɑ]
salida (f) del sol	auringonnousu	[ɑuriŋon·nousu]
puesta (f) del sol	auringonlasku	[ɑuriŋon·lɑsku]
por la mañana	aamulla	[ɑːmullɑ]
por la tarde	iltapäivällä	[iltɑ·pæejʋællæ]
por la noche	illalla	[illɑllɑ]
esta noche	tänä iltana	[tænæ iltɑnɑ]
(p.ej. 8:00 p.m.)		
por la noche	yöllä	[yøllæ]
medianoche (f)	puoliyö	[puoli·yø]
enero (m)	tammikuu	[tɑmmikuː]
febrero (m)	helmikuu	[helmikuː]
marzo (m)	maaliskuu	[mɑːliskuː]
abril (m)	huhtikuu	[huhtikuː]
mayo (m)	toukokuu	[toukokuː]
junio (m)	kesäkuu	[kesækuː]
julio (m)	heinäkuu	[hejnækuː]

agosto (m)	elokuu	[eloku:]
septiembre (m)	syyskuu	[sy:sku:]
octubre (m)	lokakuu	[lokaku:]
noviembre (m)	marraskuu	[marrasku:]
diciembre (m)	joulukuu	[jouluku:]
en primavera	keväällä	[keuæ:llæ]
en verano	kesällä	[kesællæ]
en otoño	syksyllä	[syksyllæ]
en invierno	talvella	[taluella]
mes (m)	kuukausi	[ku:kausi]
estación (f)	vuodenaika	[uuoden·ajka]
año (m)	vuosi	[uuosi]
siglo (m)	vuosisata	[uuosi·sata]

2. Números. Los numerales

cifra (f)	numero	[numero]
número (m) (~ cardinal)	luku	[luku]
menos (m)	miinus	[mi:nus]
más (m)	plusmerkki	[plus·merkki]
suma (f)	summa	[summa]
primero (adj)	ensimmäinen	[ensimmæjnen]
segundo (adj)	toinen	[tojnen]
tercero (adj)	kolmas	[kolmas]
cero	nolla	[nolla]
uno	yksi	[yksi]
dos	kaksi	[kaksi]
tres	kolme	[kolme]
cuatro	neljä	[neljæ]
cinco	viisi	[ui:si]
seis	kuusi	[ku:si]
siete	seitsemän	[sejtsemæn]
ocho	kahdeksan	[kahdeksan]
nueve	yhdeksän	[yhdeksæn]
diez	kymmenen	[kymmenen]
once	yksitoista	[yksi·tojsta]
doce	kaksitoista	[kaksi·tojsta]
trece	kolmetoista	[kolme·tojsta]
catorce	neljätoista	[neljæ·tojsta]
quince	viisitoista	[ui:si·tojsta]
dieciséis	kuusitoista	[ku:si·tojsta]
diecisiete	seitsemäntoista	[sejtsemæn·tojsta]
dieciocho	kahdeksantoista	[kahdeksan·tojsta]

diecinueve	yhdeksäntoista	[yhdeksæn·tojsta]
veinte	kaksikymmentä	[kaksi·kymmentæ]
treinta	kolmekymmentä	[kolme·kymmentæ]
cuarenta	neljäkymmentä	[neljæ·kymmentæ]
cincuenta	viisikymmentä	[ui:si·kymmentæ]
sesenta	kuusikymmentä	[ku:si·kymmentæ]
setenta	seitsemänkymmentä	[sejtsemæn·kymmentæ]
ochenta	kahdeksankymmentä	[kahdeksan·kymmentæ]
noventa	yhdeksänkymmentä	[yhdeksæn·kymmentæ]
cien	sata	[sata]
doscientos	kaksisataa	[kaksi·sata:]
trescientos	kolmesataa	[kolme·sata:]
cuatrocientos	neljäsataa	[neljæ·sata:]
quinientos	viisisataa	[ui:si·sata:]
seiscientos	kuusisataa	[ku:si·sata:]
setecientos	seitsemänsataa	[sejtsemæn·sata:]
ochocientos	kahdeksansataa	[kahdeksan·sata:]
novecientos	yhdeksänsataa	[yhdeksæn·sata:]
mil	tuhat	[tuhat]
diez mil	kymmenentuhatta	[kymmenen·tuhatta]
cien mil	satatuhatta	[sata·tuhatta]
millón (m)	miljoona	[miljo:na]
mil millones	miljardi	[miljardi]

3. El ser humano. Los familiares

hombre (m) (varón)	mies	[mies]
joven (m)	nuorukainen	[nuorukajnen]
adolescente (m)	teini-ikäinen	[tejni·ikæjnen]
mujer (f)	nainen	[najnen]
muchacha (f)	neiti	[nejti]
edad (f)	ikä	[ikæ]
adulto	aikuinen	[ajkujnen]
de edad media (adj)	keski-ikäinen	[keski·ikæjnen]
anciano, mayor (adj)	iäkäs	[jækæs]
viejo (adj)	vanha	[uanha]
anciano (m)	vanhus	[uanhus]
anciana (f)	eukko	[eukko]
jubilación (f)	eläke	[elæke]
jubilarse	jäädä eläkkeelle	[jæ:dæ elække:lle]
jubilado (m)	eläkeläinen	[elækelæjnen]
madre (f)	äiti	[æjti]
padre (m)	isä	[isæ]
hijo (m)	poika	[pojka]

hija (f)	tytär	[tytær]
hermano (m)	veli	[ʋeli]
hermano (m) mayor	vanhempi veli	[ʋanhempi ʋeli]
hermano (m) menor	nuorempi veli	[nuorempi ʋeli]
hermana (f)	sisar	[sisɑr]
hermana (f) mayor	vanhempi sisar	[ʋanhempi sisɑr]
hermana (f) menor	nuorempi sisar	[nuorempi sisɑr]
padres (pl)	vanhemmat	[ʋanhemmɑt]
niño -a (m, f)	lapsi	[lɑpsi]
niños (pl)	lapset	[lɑpset]
madrastra (f)	äitipuoli	[æjti·puoli]
padrastro (m)	isäpuoli	[isæ·puoli]
abuela (f)	isoäiti	[iso·æjti]
abuelo (m)	isoisä	[iso·isæ]
nieto (m)	lapsenlapsi	[lɑpsen·lɑpsi]
nieta (f)	lapsenlapsi	[lɑpsen·lɑpsi]
nietos (pl)	lastenlapset	[lɑsten·lɑpset]
tío (m)	setä	[setæ]
tía (f)	täti	[tæti]
sobrino (m)	veljenpoika	[ʋeljen·pojkɑ]
sobrina (f)	sisarenpoika	[sisɑren·pojkɑ]
mujer (f)	vaimo	[ʋɑjmo]
marido (m)	mies	[mies]
casado (adj)	naimisissa	[nɑjmisissɑ]
casada (adj)	naimisissa	[nɑjmisissɑ]
viuda (f)	leski	[leski]
viudo (m)	leski	[leski]
nombre (m)	nimi	[nimi]
apellido (m)	sukunimi	[suku·nimi]
pariente (m)	sukulainen	[sukulɑjnen]
amigo (m)	ystävä	[ystæʋæ]
amistad (f)	ystävyys	[ystæʋy:s]
compañero (m)	partneri	[pɑrtneri]
superior (m)	päällikkö	[pæ:llikkø]
colega (m, f)	virkatoveri	[ʋirkɑ·toʋeri]
vecinos (pl)	naapurit	[nɑ:purit]

4. El cuerpo. La anatomía humana

organismo (m)	elimistö	[elimistø]
cuerpo (m)	vartalo	[ʋɑrtɑlo]
corazón (m)	sydän	[sydæn]
sangre (f)	veri	[ʋeri]

cerebro (m)	aivot	[ajʋot]
nervio (m)	hermo	[hermo]
hueso (m)	luu	[luː]
esqueleto (m)	luuranko	[luːraŋko]
columna (f) vertebral	selkäranka	[selkæ·raŋka]
costilla (f)	kylkiluu	[kylki·luː]
cráneo (m)	pääkallo	[pæːkallo]
músculo (m)	lihas	[liɦas]
pulmones (m pl)	keuhkot	[keuhkot]
piel (f)	iho	[iɦo]
cabeza (f)	pää	[pæː]
cara (f)	kasvot	[kasʋot]
nariz (f)	nenä	[nenæ]
frente (f)	otsa	[otsa]
mejilla (f)	poski	[poski]
boca (f)	suu	[suː]
lengua (f)	kieli	[kieli]
diente (m)	hammas	[hammas]
labios (m pl)	huulet	[huːlet]
mentón (m)	leuka	[leuka]
oreja (f)	korva	[korʋa]
cuello (m)	kaula	[kaula]
garganta (f)	kurkku	[kurkku]
ojo (m)	silmä	[silmæ]
pupila (f)	silmäterä	[silmæ·teræ]
ceja (f)	kulmakarva	[kulma·karʋa]
pestaña (f)	ripsi	[ripsi]
pelo, cabello (m)	hiukset	[hiukset]
peinado (m)	kampaus	[kampaus]
bigote (m)	viikset	[ʋiːkset]
barba (f)	parta	[parta]
tener (~ la barba)	pitää	[pitæː]
calvo (adj)	kalju	[kalju]
mano (f)	käsi	[kæsi]
brazo (m)	käsivarsi	[kæsi·ʋarssi]
dedo (m)	sormi	[sormi]
uña (f)	kynsi	[kynsi]
palma (f)	kämmen	[kæmmen]
hombro (m)	hartia	[hartia]
pierna (f)	jalka	[jalka]
planta (f)	jalkaterä	[jalka·teræ]
rodilla (f)	polvi	[polʋi]
talón (m)	kantapää	[kantapæː]
espalda (f)	selkä	[selkæ]

cintura (f), talle (m)	vyötärö	[ʋyøtærø]
lunar (m)	luomi	[luomi]
marca (f) de nacimiento	syntymämerkki	[syntymæ·merkki]

5. La medicina. Las drogas

salud (f)	terveys	[terʋeys]
sano (adj)	terve	[terʋe]
enfermedad (f)	sairaus	[sɑjrɑus]
estar enfermo	sairastaa	[sɑjrɑstɑ:]
enfermo (adj)	sairas	[sɑjrɑs]

resfriado (m)	vilustuminen	[ʋilustuminen]
resfriarse (vr)	vilustua	[ʋilustuɑ]
angina (f)	angiina	[ɑŋi:nɑ]
pulmonía (f)	keuhkotulehdus	[keuhko·tulehdus]
gripe (f)	influenssa	[influenssɑ]

resfriado (m) (coriza)	nuha	[nuɦɑ]
tos (f)	yskä	[yskæ]
toser (vi)	yskiä	[yskiæ]
estornudar (vi)	aivastella	[ɑjʋɑstellɑ]

insulto (m)	aivoinfarkti	[ɑjʋo·infɑrkti]
ataque (m) cardiaco	infarkti	[infɑrkti]
alergia (f)	allergia	[ɑllergiɑ]
asma (f)	astma	[ɑstmɑ]
diabetes (f)	diabetes	[diɑbetes]

tumor (m)	kasvain	[kɑsʋɑjn]
cáncer (m)	syöpä	[syøpæ]
alcoholismo (m)	alkoholismi	[ɑlkoɦolismi]
SIDA (m)	AIDS	[ɑjds]
fiebre (f)	kuume	[ku:me]
mareo (m)	merisairaus	[meri·sɑjrɑus]

moradura (f)	mustelma	[mustelmɑ]
chichón (m)	kuhmu	[kuhmu]
cojear (vi)	ontua	[ontuɑ]
dislocación (f)	sijoiltaanmeno	[sijoiltɑ:nmeno]
dislocar (vt)	siirtää sijoiltaan	[si:rtæ: sijoiltɑ:n]

fractura (f)	murtuma	[murtumɑ]
quemadura (f)	palohaava	[pɑlo·hɑ:ʋɑ]
herida (f)	vamma, vaurio	[ʋɑmmɑ], [ʋɑurio]
dolor (m)	kipu	[kipu]
dolor (m) de muelas	hammassärky	[hɑmmɑs·særky]

| sudar (vi) | hikoilla | [hikojllɑ] |
| sordo (adj) | kuuro | [ku:ro] |

mudo (adj)	mykkä	[mykkæ]
inmunidad (f)	immuniteetti	[immunite:tti]
virus (m)	virus	[υirus]
microbio (m)	mikrobi	[mikrobi]
bacteria (f)	bakteeri	[bɑkte:ri]
infección (f)	infektio, tartunta	[infektio], [tɑrtuntɑ]

hospital (m)	sairaala	[sɑjrɑ:lɑ]
cura (f)	lääkintä	[læ:kintæ]
vacunar (vt)	rokottaa	[rokottɑ:]
estar en coma	olla koomassa	[ollɑ ko:mɑssɑ]
revitalización (f)	teho-osasto	[teho·osɑsto]
síntoma (m)	oire	[ojre]
pulso (m)	pulssi, syke	[pulssi], [syke]

6. Los sentimientos. Las emociones

yo	minä	[minæ]
tú	sinä	[sinæ]
él	hän	[hæn]
ella	hän	[hæn]
ello	se	[se]

nosotros, -as	me	[me]
vosotros, -as	te	[te]
ellos, ellas	he	[he]

¡Hola! (fam.)	Hei!	[hej]
¡Hola! (form.)	Hei!	[hej]
¡Buenos días!	Hyvää huomenta!	[hyυæ: huomentɑ]
¡Buenas tardes!	Hyvää päivää!	[hyυæ: pæjυæ:]
¡Buenas noches!	Hyvää iltaa!	[hyυæ: iltɑ:]

decir hola	tervehtiä	[terυehtiæ]
saludar (vt)	tervehtiä	[terυehtiæ]
¿Cómo estás?	Mitä kuuluu?	[mitæ ku:lu:]
¡Chau! ¡Adiós!	Näkemiin!	[nækemi:n]
¡Gracias!	Kiitos!	[ki:tos]

sentimientos (m pl)	tunteet	[tunte:t]
tener hambre	olla nälkä	[ollɑ nælkæ]
tener sed	olla jano	[ollɑ jɑno]
cansado (adj)	väsynyt	[υæsynyt]

inquietarse (vr)	huolestua	[huolestuɑ]
estar nervioso	hermostua	[hermostuɑ]
esperanza (f)	toivo	[tojυo]
esperar (tener esperanza)	toivoa	[tojυoɑ]
carácter (m)	luonne	[luonne]
modesto (adj)	vaatimaton	[υɑ:timɑton]

perezoso (adj)	laiska	[lajska]
generoso (adj)	antelias	[antelias]
talentoso (adj)	lahjakas	[lahjakas]

honesto (adj)	rehellinen	[rehellinen]
serio (adj)	vakava	[vakava]
tímido (adj)	arka	[arka]
sincero (adj)	vilpitön	[vilpitøn]
cobarde (m)	pelkuri	[pelkuri]

dormir (vi)	nukkua	[nukkua]
sueño (m) (dulces ~s)	uni	[uni]
cama (f)	sänky	[sæŋky]
almohada (f)	tyyny	[ty:ny]

insomnio (m)	unettomuus	[unettomu:s]
irse a la cama	mennä nukkumaan	[mennæ nukkuma:n]
pesadilla (f)	painajainen	[pajnajainen]
despertador (m)	herätyskello	[herætys·kello]

sonrisa (f)	hymy	[hymy]
sonreír (vi)	hymyillä	[hymyjllæ]
reírse (vr)	nauraa	[naura:]

disputa (f), riña (f)	riita	[ri:ta]
insulto (m)	loukkaus	[loukkaus]
ofensa (f)	närkästys	[nærkæstys]
enfadado (adj)	vihainen	[vihajnen]

7. La ropa. Accesorios personales

ropa (f)	vaatteet	[va:tte:t]
abrigo (m)	takki	[takki]
abrigo (m) de piel	turkki	[turkki]
cazadora (f)	takki	[takki]
impermeable (m)	sadetakki	[sade·takki]
camisa (f)	paita	[pajta]
pantalones (m pl)	housut	[housut]
chaqueta (f), saco (m)	pikkutakki	[pikku·takki]
traje (m)	puku	[puku]

vestido (m)	leninki	[leniŋki]
falda (f)	hame	[hame]
camiseta (f) (T-shirt)	T-paita	[te·pajta]
bata (f) de baño	kylpytakki	[kylpy·takki]
pijama (m)	pyjama	[pyjama]
ropa (f) de trabajo	työvaatteet	[tyø·va:tte:t]

| ropa (f) interior | alusvaatteet | [alus·va:tte:t] |
| calcetines (m pl) | sukat | [sukat] |

sostén (m)	rintaliivit	[rinta·li:uit]
pantimedias (f pl)	sukkahousut	[sukka·housut]
medias (f pl)	sukat	[sukat]
traje (m) de baño	uimapuku	[ujma·puku]

gorro (m)	hattu	[hattu]
calzado (m)	jalkineet	[jalkine:t]
botas (f pl) altas	saappaat	[sa:ppa:t]
tacón (m)	korko	[korko]
cordón (m)	nauha	[nauha]
betún (m)	kenkävoide	[keŋkæ·uojde]

algodón (m)	puuvilla	[pu:uilla]
lana (f)	villa	[uilla]
piel (f) (~ de zorro, etc.)	turkki, turkis	[turkki], [turkis]

guantes (m pl)	käsineet	[kæsine:t]
manoplas (f pl)	lapaset	[lapaset]
bufanda (f)	kaulaliina	[kaula·li:na]
gafas (f pl)	silmälasit	[silmæ·lasit]
paraguas (m)	sateenvarjo	[sate:n·uarjo]

corbata (f)	solmio	[solmio]
moquero (m)	nenäliina	[nenæ·li:na]
peine (m)	kampa	[kampa]
cepillo (m) de pelo	hiusharja	[hius·harja]
hebilla (f)	solki	[solki]
cinturón (m)	vyö	[uyø]
bolso (m)	käsilaukku	[kæsi·laukku]

cuello (m)	kaulus	[kaulus]
bolsillo (m)	tasku	[tasku]
manga (f)	hiha	[hiha]
bragueta (f)	halkio	[halkio]

cremallera (f)	vetoketju	[ueto·ketju]
botón (m)	nappi	[nappi]
ensuciarse (vr)	tahraantua	[tahra:ntua]
mancha (f)	tahra	[tahra]

8. La ciudad. Las instituciones urbanas

tienda (f)	kauppa	[kauppa]
centro (m) comercial	kauppakeskus	[kauppa·keskus]
supermercado (m)	supermarketti	[super·marketti]
zapatería (f)	kenkäkauppa	[keŋkæ·kauppa]
librería (f)	kirjakauppa	[kirja·kauppa]

farmacia (f)	apteekki	[apte:kki]
panadería (f)	leipäkauppa	[lejpæ·kauppa]

pastelería (f)	konditoria	[konditoria]
tienda (f) de comestibles	sekatavarakauppa	[sekatavara·kauppa]
carnicería (f)	lihakauppa	[liha·kauppa]
verdulería (f)	vihanneskauppa	[viɦannes·kauppa]
mercado (m)	kauppatori	[kauppa·tori]
peluquería (f)	parturinliike	[parturin·li:ke]
oficina (f) de correos	posti	[posti]
tintorería (f)	kemiallinen pesu	[kemiallinen pesu]
circo (m)	sirkus	[sirkus]
zoológico (m)	eläintarha	[elæjn·tarha]
teatro (m)	teatteri	[teatteri]
cine (m)	elokuvateatteri	[elokuva·teatteri]
museo (m)	museo	[museo]
biblioteca (f)	kirjasto	[kirjasto]
mezquita (f)	moskeija	[moskeja]
sinagoga (f)	synagoga	[synagoga]
catedral (f)	tuomiokirkko	[tuomio·kirkko]
templo (m)	temppeli	[temppeli]
iglesia (f)	kirkko	[kirkko]
instituto (m)	instituutti	[institu:tti]
universidad (f)	yliopisto	[yli·opisto]
escuela (f)	koulu	[koulu]
hotel (m)	hotelli	[hotelli]
banco (m)	pankki	[paŋkki]
embajada (f)	suurlähetystö	[su:r·læɦetystø]
agencia (f) de viajes	matkatoimisto	[matka·tojmisto]
metro (m)	metro	[metro]
hospital (m)	sairaala	[sajra:la]
gasolinera (f)	bensiiniasema	[bensi:ni·asema]
aparcamiento (m)	parkkipaikka	[parkki·pajkka]
ENTRADA	SISÄÄN	[sisæ:n]
SALIDA	ULOS	[ulos]
EMPUJAR	TYÖNNÄ	[tyønnæ]
TIRAR	VEDÄ	[vedæ]
ABIERTO	AUKI	[auki]
CERRADO	KIINNI	[ki:nni]
monumento (m)	patsas	[patsas]
fortaleza (f)	linna	[linna]
palacio (m)	palatsi	[palatsi]
medieval (adj)	keskiaikainen	[keskiajkajnen]
antiguo (adj)	vanha	[vanha]
nacional (adj)	kansallinen	[kansallinen]
conocido (adj)	tunnettu	[tunnettu]

9. El dinero. Las finanzas

dinero (m)	raha, rahat	[raħa], [raħat]
moneda (f)	kolikko	[kolikko]
dólar (m)	dollari	[dollari]
euro (m)	euro	[euro]
cajero (m) automático	pankkiautomaatti	[paŋkki·automa:tti]
oficina (f) de cambio	valuutanvaihtotoimisto	[valu:tan·vajhto·tojmisto]
curso (m)	kurssi	[kurssi]
dinero (m) en efectivo	käteinen	[kætejnen]
¿Cuánto?	Kuinka paljon?	[kujŋka paljon]
pagar (vi, vt)	maksaa	[maksa:]
pago (m)	maksu	[maksu]
cambio (m) (devolver el ~)	vaihtoraha	[vajhto·raħa]
precio (m)	hinta	[hinta]
descuento (m)	alennus	[alennus]
barato (adj)	halpa	[halpa]
caro (adj)	kallis	[kallis]
banco (m)	pankki	[paŋkki]
cuenta (f)	tili	[tili]
tarjeta (f) de crédito	luottokortti	[luotto·kortti]
cheque (m)	sekki	[sekki]
sacar un cheque	kirjoittaa shekki	[kirjoitta: ʃekki]
talonario (m)	sekkivihko	[sekki·vihko]
deuda (f)	velka	[velka]
deudor (m)	velallinen	[velallinen]
prestar (vt)	lainata jollekulle	[lajnata jolekulle]
tomar prestado	lainata joltakulta	[lajnata joltakulta]
alquilar (vt)	vuokrata	[vuokrata]
a crédito (adv)	luotolla	[luotolla]
cartera (f)	lompakko	[lompakko]
caja (f) fuerte	kassakaappi	[kassa·ka:ppi]
herencia (f)	perintö	[perintø]
fortuna (f)	varallisuus	[varallisu:s]
impuesto (m)	vero	[vero]
multa (f)	sakko	[sakko]
multar (vt)	sakottaa	[sakotta:]
al por mayor (adj)	tukku-	[tukku]
al por menor (adj)	vähittäis-	[væħittæjs]
asegurar (vt)	vakuuttaa	[vaku:tta:]
seguro (m)	vakuutus	[vaku:tus]
capital (m)	pääoma	[pæ:oma]
volumen (m) de negocio	kierto	[kierto]

acción (f)	osake	[osake]
beneficio (m)	voitto	[vojtto]
beneficioso (adj)	kannattava	[kannattava]
crisis (f)	kriisi	[kri:si]
bancarrota (f)	vararikko	[vara·rikko]
ir a la bancarrota	tehdä vararikko	[tehdæ vararikko]
contable (m)	kirjanpitäjä	[kirjan·pitæjæ]
salario (m)	palkka	[palkka]
premio (m)	bonus	[bonus]

10. El transporte

autobús (m)	bussi	[bussi]
tranvía (m)	raitiovaunu	[rajtio·vaunu]
trolebús (m)	johdinauto	[johdin·auto]
ir en ...	mennä ...	[mennæ]
tomar (~ el autobús)	nousta	[nousta]
bajar (~ del tren)	astua ulos	[astua ulos]
parada (f)	pysäkki	[pysækki]
parada (f) final	pääteasema	[pæ:teasema]
horario (m)	aikataulu	[ajka·taulu]
billete (m)	lippu	[lippu]
llegar tarde (vi)	myöhästyä	[myøhæstyæ]
taxi (m)	taksi	[taksi]
en taxi	taksilla	[taksilla]
parada (f) de taxi	taksiasema	[taksi·asema]
tráfico (m)	liikenne	[li:kenne]
horas (f pl) de punta	ruuhka-aika	[ru:hka·ajka]
aparcar (vi)	pysäköidä	[pysækøjdæ]
metro (m)	metro	[metro]
estación (f)	asema	[asema]
tren (m)	juna	[juna]
estación (f)	rautatieasema	[rautatie·asema]
rieles (m pl)	ratakiskot	[rata·kiskot]
compartimiento (m)	vaununosasto	[vaunun·osasto]
litera (f)	vuode	[vuode]
avión (m)	lentokone	[lento·kone]
billete (m) de avión	lentolippu	[lento·lippu]
compañía (f) aérea	lentoyhtiö	[lento·yhtiø]
aeropuerto (m)	lentoasema	[lento·asema]
vuelo (m)	lento	[lento]
equipaje (m)	matkatavara	[matka·tavara]

carrito (m) de equipaje	matkatavarakärryt	[matka·tauarat·kærryt]
barco, buque (m)	laiva	[lajua]
trasatlántico (m)	risteilijä	[ristejlijæ]
yate (m)	jahti	[jahti]
bote (m) de remo	jolla	[jolla]

capitán (m)	kapteeni	[kapte:ni]
camarote (m)	hytti	[hytti]
puerto (m)	satama	[satama]

bicicleta (f)	polkupyörä	[polku·pyøræ]
scooter (m)	skootteri	[sko:tteri]
motocicleta (f)	moottoripyörä	[mo:ttori·pyøræ]
pedal (m)	poljin	[poljin]
bomba (f)	pumppu	[pumppu]
rueda (f)	pyörä	[pyøræ]

coche (m)	auto	[auto]
ambulancia (f)	ambulanssi	[ambulanssi]
camión (m)	kuorma-auto	[kuorma·auto]
de ocasión (adj)	käytetty	[kæutetty]
accidente (m)	kolari	[kolari]
reparación (f)	korjaus	[korjaus]

11. La comida. Unidad 1

carne (f)	liha	[liha]
gallina (f)	kana	[kana]
pato (m)	ankka	[aŋkka]

carne (f) de cerdo	sianliha	[sian·liha]
carne (f) de ternera	vasikanliha	[uasikan·liha]
carne (f) de carnero	lampaanliha	[lampa:n·liha]
carne (f) de vaca	naudanliha	[naudan·liha]

salchichón (m)	makkara	[makkara]
huevo (m)	muna	[muna]
pescado (m)	kala	[kala]
queso (m)	juusto	[ju:sto]
azúcar (m)	sokeri	[sokeri]
sal (f)	suola	[suola]

arroz (m)	riisi	[ri:si]
macarrones (m pl)	pasta, makaroni	[pasta], [makaroni]
mantequilla (f)	voi	[uoj]
aceite (m) vegetal	kasviöljy	[kasui·øljy]
pan (m)	leipä	[lejpæ]
chocolate (m)	suklaa	[sukla:]
vino (m)	viini	[ui:ni]
café (m)	kahvi	[kahui]

leche (f)	maito	[majto]
zumo (m), jugo (m)	mehu	[meɦu]
cerveza (f)	olut	[olut]
té (m)	tee	[te:]

tomate (m)	tomaatti	[toma:tti]
pepino (m)	kurkku	[kurkku]
zanahoria (f)	porkkana	[porkkana]
patata (f)	peruna	[peruna]
cebolla (f)	sipuli	[sipuli]
ajo (m)	valkosipuli	[valko·sipuli]

col (f)	kaali	[ka:li]
remolacha (f)	punajuuri	[puna·ju:ri]
berenjena (f)	munakoiso	[muna·kojso]
eneldo (m)	tilli	[tilli]
lechuga (f)	lehtisalaatti	[lehti·sala:tti]
maíz (m)	maissi	[majssi]

fruto (m)	hedelmä	[hedelmæ]
manzana (f)	omena	[omena]
pera (f)	päärynä	[pæ:rynæ]
limón (m)	sitruuna	[sitru:na]
naranja (f)	appelsiini	[appelsi:ni]
fresa (f)	mansikka	[mansikka]

ciruela (f)	luumu	[lu:mu]
frambuesa (f)	vadelma	[vadelma]
piña (f)	ananas	[ananas]
banana (f)	banaani	[bana:ni]
sandía (f)	vesimeloni	[vesi·meloni]
uva (f)	viinirypäleet	[vi:ni·rypæle:t]
melón (m)	meloni	[meloni]

12. La comida. Unidad 2

cocina (f)	keittiö	[kejttiø]
receta (f)	resepti	[resepti]
comida (f)	ruoka	[ruoka]

desayunar (vi)	syödä aamiaista	[syødæ a:miajsta]
almorzar (vi)	syödä lounasta	[syødæ lounasta]
cenar (vi)	syödä illallista	[syødæ illallista]

sabor (m)	maku	[maku]
sabroso (adj)	maukas	[maukas]
frío (adj)	kylmä	[kylmæ]
caliente (adj)	kuuma	[ku:ma]
azucarado, dulce (adj)	makea	[makea]
salado (adj)	suolainen	[suolajnen]

bocadillo (m)	voileipä	[ʋoj·lejpæ]
guarnición (f)	lisäke	[lisæke]
relleno (m)	täyte	[tæyte]
salsa (f)	kastike	[kɑstike]
pedazo (m)	pala, viipale	[pɑlɑ], [ʋi:pɑle]
dieta (f)	dieetti	[die:ti]
vitamina (f)	vitamiini	[ʋitɑmi:ni]
caloría (f)	kalori	[kɑlori]
vegetariano (m)	kasvissyöjä	[kɑsʋissyøjæ]
restaurante (m)	ravintola	[rɑʋintolɑ]
cafetería (f)	kahvila	[kɑhʋilɑ]
apetito (m)	ruokahalu	[ruokɑ·hɑlu]
¡Que aproveche!	Hyvää ruokahalua!	[hyʋæ: ruokɑhɑluɑ]
camarero (m)	tarjoilija	[tɑrjoilijɑ]
camarera (f)	tarjoilijatar	[tɑrjoilijɑtɑr]
barman (m)	baarimestari	[bɑ:ri·mestɑri]
carta (f), menú (m)	ruokalista	[ruokɑ·listɑ]
cuchara (f)	lusikka	[lusikkɑ]
cuchillo (m)	veitsi	[ʋejtsi]
tenedor (m)	haarukka	[hɑ:rukkɑ]
taza (f)	kuppi	[kuppi]
plato (m)	lautanen	[lɑutɑnen]
platillo (m)	teevati	[te:ʋɑti]
servilleta (f)	lautasliina	[lɑutɑs·li:nɑ]
mondadientes (m)	hammastikku	[hɑmmɑs·tikku]
pedir (vt)	tilata	[tilɑtɑ]
plato (m)	ruokalaji	[ruokɑ·lɑji]
porción (f)	annos	[ɑnnos]
entremés (m)	alkupala	[ɑlku·pɑlɑ]
ensalada (f)	salaatti	[sɑlɑ:tti]
sopa (f)	keitto	[kejtto]
postre (m)	jälkiruoka	[jælki·ruokɑ]
confitura (f)	hillo	[hillo]
helado (m)	jäätelö	[jæ:telø]
cuenta (f)	lasku	[lɑsku]
pagar la cuenta	maksaa lasku	[mɑksɑ: lɑsku]
propina (f)	juomaraha	[juomɑ·rɑhɑ]

13. La casa. El apartamento. Unidad 1

casa (f)	koti	[koti]
casa (f) de campo	maatalo	[mɑ:tɑlo]
villa (f)	huvila	[huʋilɑ]

piso (m), planta (f)	kerros	[kerros]
entrada (f)	sisäänkäynti	[sisæ:n·kæynti]
pared (f)	seinä	[sejnæ]
techo (m)	katto	[katto]
chimenea (f)	savupiippu	[sauu·pi:ppu]
desván (m)	ullakko	[ullakko]
ventana (f)	ikkuna	[ikkuna]
alféizar (m)	ikkunalauta	[ikkuna·lauta]
balcón (m)	parveke	[parueke]
escalera (f)	portaat	[porta:t]
buzón (m)	postilaatikko	[postila:tikko]
contenedor (m) de basura	roskis	[roskis]
ascensor (m)	hissi	[hissi]
electricidad (f)	sähkö	[sæhkø]
bombilla (f)	lamppu	[lamppu]
interruptor (m)	kytkin	[kytkin]
enchufe (m)	pistorasia	[pisto·rasia]
fusible (m)	suojalaite	[suoja·lajte]
puerta (f)	ovi	[oui]
tirador (m)	kahva	[kahua]
llave (f)	avain	[auajn]
felpudo (m)	matto	[matto]
cerradura (f)	lukko	[lukko]
timbre (m)	ovikello	[oui·kello]
toque (m) a la puerta	koputus	[koputus]
tocar la puerta	koputtaa	[koputta:]
mirilla (f)	ovisilmä	[oui·silmæ]
patio (m)	piha	[piha]
jardín (m)	puutarha	[pu:tarha]
piscina (f)	uima-allas	[ujma·allas]
gimnasio (m)	urheiluhalli	[urhejlu·halli]
cancha (f) de tenis	tenniskenttä	[tennis·kenttæ]
garaje (m)	autotalli	[auto·talli]
propiedad (f) privada	yksityisomaisuus	[yksityjs·omajsu:s]
letrero (m) de aviso	varoituskirjoitus	[uarojtus·kirjoitus]
seguridad (f)	vartio	[uartio]
guardia (m) de seguridad	vartija	[uartija]
renovación (f)	remontointi	[remontojnti]
renovar (vt)	remontoida	[remontojda]
poner en orden	panna järjestykseen	[panna jærjestykse:n]
pintar (las paredes)	maalata	[ma:lata]
empapelado (m)	tapetit	[tapetit]
cubrir con barniz	lakata	[lakata]
tubo (m)	putki	[putki]

instrumentos (m pl)	työkalut	[tyø·kalut]
sótano (m)	kellari	[kellari]
alcantarillado (m)	viemäri	[ʋiemæri]

14. La casa. El apartamento. Unidad 2

apartamento (m)	asunto	[asunto]
habitación (f)	huone	[huone]
dormitorio (m)	makuuhuone	[maku:huone]
comedor (m)	ruokailuhuone	[ruokajlu·huone]

salón (m)	vierashuone	[ʋieras·huone]
despacho (m)	työhuone	[tyø·huone]
antecámara (f)	eteinen	[etejnen]
cuarto (m) de baño	kylpyhuone	[kylpy·huone]
servicio (m)	vessa	[ʋessa]

suelo (m)	lattia	[lattia]
techo (m)	sisäkatto	[sisæ·katto]

limpiar el polvo	pyyhkiä pölyt	[py:hkiæ pølyt]
aspirador (m), aspiradora (f)	pölynimuri	[pølyn·imuri]
limpiar con la aspiradora	imuroida	[imurojda]

fregona (f)	lattiaharja	[lattia·harja]
trapo (m)	rätti	[rætti]
escoba (f)	luuta	[lu:ta]
cogedor (m)	rikkalapio	[rikka·lapio]
muebles (m pl)	huonekalut	[huone·kalut]
mesa (f)	pöytä	[pøytæ]
silla (f)	tuoli	[tuoli]
sillón (m)	nojatuoli	[noja·tuoli]

librería (f)	kaappi	[ka:ppi]
estante (m)	hylly	[hylly]
armario (m)	vaatekaappi	[ʋɑ:te·ka:ppi]

espejo (m)	peili	[pejli]
tapiz (m)	matto	[matto]
chimenea (f)	takka	[takka]
cortinas (f pl)	kaihtimet	[kajhtimet]
lámpara (f) de mesa	pöytälamppu	[pøytæ·lamppu]
lámpara (f) de araña	kattokruunu	[katto·kru:nu]

cocina (f)	keittiö	[kejttiø]
cocina (f) de gas	kaasuliesi	[ka:su·liesi]
cocina (f) eléctrica	sähköhella	[sæhkø·hella]
horno (m) microondas	mikroaaltouuni	[mikro·a:ltou·u:ni]
frigorífico (m)	jääkaappi	[jæ:ka:ppi]
congelador (m)	pakastin	[pakastin]

lavavajillas (m)	astianpesukone	[astian·pesu·kone]
grifo (m)	hana	[hana]

picadora (f) de carne	lihamylly	[liha·mylly]
exprimidor (m)	mehunpuristin	[mehun·puristin]
tostador (m)	leivänpaahdin	[lejuæn·pa:hdin]
batidora (f)	sekoitin	[sekojtin]

cafetera (f) (aparato de cocina)	kahvinkeitin	[kahuiŋ·kejtin]
hervidor (m) de agua	teepannu	[te:pannu]
tetera (f)	teekannu	[te:kannu]

televisor (m)	televisio	[teleuisio]
vídeo (m)	videonauhuri	[uideo·nauhuri]
plancha (f)	silitysrauta	[silitys·rauta]
teléfono (m)	puhelin	[puhelin]

15. Los trabajos. El estatus social

director (m)	johtaja	[johtaja]
superior (m)	päällikkö	[pæ:llikkø]
presidente (m)	presidentti	[presidentti]
asistente (m)	apulainen	[apulajnen]
secretario, -a (m, f)	sihteeri	[sihte:ri]

propietario (m)	omistaja	[omistaja]
socio (m)	partneri	[partneri]
accionista (m)	osakkeenomistaja	[osakke:n·omistaja]

hombre (m) de negocios	liikemies	[li:kemies]
millonario (m)	miljonääri	[miljonæ:ri]
multimillonario (m)	miljardööri	[miljardø:ri]

actor (m)	näyttelijä	[næyttelijæ]
arquitecto (m)	arkkitehti	[arkkitehti]
banquero (m)	pankkiiri	[paŋkki:ri]
broker (m)	pörssimeklari	[pørssi·meklari]
veterinario (m)	eläinlääkäri	[elæjn·læ:kari]
médico (m)	lääkäri	[læ:kæri]
camarera (f)	huonesiivooja	[huone·si:uo:ja]
diseñador (m)	muotoilija	[muotojlija]
corresponsal (m)	kirjeenvaihtaja	[kirje:n·uajhtaja]
repartidor (m)	kuriiri	[kuri:ri]

electricista (m)	sähkömies	[sæhkømies]
músico (m)	muusikko	[mu:sikko]
niñera (f)	lastenhoitaja	[lasten·hojtaja]
peluquero (m)	parturi	[parturi]
pastor (m)	paimen	[pajmen]

cantante (m)	laulaja	[laulɑjɑ]
traductor (m)	kääntäjä	[kæːntæjæ]
escritor (m)	kirjailija	[kirjɑilijɑ]
carpintero (m)	kirvesmies	[kirʋesmies]
cocinero (m)	kokki	[kokki]
bombero (m)	palomies	[pɑlomies]
policía (m)	poliisi	[poliːsi]
cartero (m)	postinkantaja	[postiŋ·kɑntɑjɑ]
programador (m)	ohjelmoija	[ohjelmojɑ]
vendedor (m)	myyjä	[myːjæ]
obrero (m)	työläinen	[tyøllæjnen]
jardinero (m)	puutarhuri	[puːtɑrhuri]
fontanero (m)	putkimies	[putkimies]
dentista (m)	hammaslääkäri	[hɑmmɑs·læːkæri]
azafata (f)	lentoemäntä	[lento·emæntæ]
bailarín (m)	tanssija	[tɑnssijɑ]
guardaespaldas (m)	henkivartija	[heŋki·ʋɑrtijɑ]
científico (m)	tiedemies	[tiedemies]
profesor (m)	opettaja	[opettɑjɑ]
(~ de baile, etc.)		
granjero (m)	farmari	[fɑrmɑri]
cirujano (m)	kirurgi	[kirurgi]
minero (m)	kaivosmies	[kɑjʋosmies]
jefe (m) de cocina	keittiömestari	[kejttiø·mestɑri]
chofer (m)	kuljettaja	[kuljettɑjɑ]

16. Los deportes

tipo (m) de deporte	urheilulaji	[urhejlu·lɑjɪ]
fútbol (m)	jalkapallo	[jɑlkɑ·pɑllo]
hockey (m)	jääkiekko	[jæːkækko]
baloncesto (m)	koripallo	[koripɑllo]
béisbol (m)	baseball	[bejseboll]
voleibol (m)	lentopallo	[lento·pɑllo]
boxeo (m)	nyrkkeily	[nyrkkejly]
lucha (f)	paini	[pɑjni]
tenis (m)	tennis	[tennis]
natación (f)	uinti	[ujnti]
ajedrez (m)	šakki	[ʃɑkki]
carrera (f)	juoksu	[juoksu]
atletismo (m)	yleisurheilu	[ylejsurhejlu]
patinaje (m) artístico	taitoluistelu	[tɑjto·lujstelu]
ciclismo (m)	pyöräily	[pyøræjly]
billar (m)	biljardi	[biljɑrdi]

culturismo (m)	kehonrakennus	[kehon·rakennus]
golf (m)	golf	[golf]
buceo (m)	sukellus	[sukellus]
vela (f)	purjehdus	[purjehdus]
tiro (m) con arco	jousiammunta	[jousiam·munta]
tiempo (m)	puoliaika	[puoli·ajka]
descanso (m)	väliaika, puoliaika	[væli·ajka], [puoli·ajka]
empate (m)	tasapeli	[tasa·peli]
empatar (vi)	pelata tasan	[pelata tasan]
cinta (f) de correr	juoksumatto	[juoksu·matto]
jugador (m)	pelaaja	[pela:ja]
reserva (m)	vaihtopelaaja	[vajhto·pela:ja]
banquillo (m) de reserva	varamiespenkki	[varamies·peŋkki]
match (m)	ottelu, matsi	[ottelu], [matsi]
puerta (f)	maali	[ma:li]
portero (m)	maalivahti	[ma:li·vahti]
gol (m)	maali	[ma:li]
Juegos (m pl) Olímpicos	Olympiakisat	[olympia·kisat]
establecer un record	saavuttaa ennätys	[sa:vutta: ennætys]
final (m)	finaali, loppuottelu	[fina:li], [loppu·ottelu]
campeón (m)	mestari	[mestari]
campeonato (m)	mestaruuskilpailut	[mestaru:s·kilpajlut]
vencedor (m)	voittaja	[vojttaja]
victoria (f)	voitto	[vojtto]
ganar (vi)	voittaa	[vojtta:]
perder (vi)	hävitä	[hævitæ]
medalla (f)	mitali	[mitali]
primer puesto (m)	ensimmäinen sija	[ensimmæjnen sija]
segundo puesto (m)	toinen sija	[tojnen sija]
tercer puesto (m)	kolmas sija	[kolmas sija]
estadio (m)	stadion	[stadion]
hincha (m)	penkkiurheilija	[peŋkki·urhejlija]
entrenador (m)	valmentaja	[valmentaja]
entrenamiento (m)	valmennus	[valmennus]

17. Los idiomas extranjeros. La ortografía

lengua (f)	kieli	[kieli]
estudiar (vt)	opiskella	[opiskella]
pronunciación (f)	artikulaatio	[artikula:tio]
acento (m)	korostus	[korostus]
sustantivo (m)	substantiivi	[substanti:vi]
adjetivo (m)	adjektiivi	[adjekti:vi]

verbo (m)	**verbi**	[ʋerbi]
adverbio (m)	**adverbi**	[adʋerbi]
pronombre (m)	**pronomini**	[pronomini]
interjección (f)	**interjektio**	[interjektio]
preposición (f)	**prepositio**	[prepositio]
raíz (f), radical (m)	**sanan vartalo**	[sanan ʋartalo]
desinencia (f)	**pääte**	[pæ:te]
prefijo (m)	**etuliite**	[etuli:te]
sílaba (f)	**tavu**	[taʋu]
sufijo (m)	**suffiksi, jälkiliite**	[suffiksi], [jælkili:te]
acento (m)	**paino**	[pajno]
punto (m)	**piste**	[piste]
coma (m)	**pilkku**	[pilkku]
dos puntos (m pl)	**kaksoispiste**	[kaksojs·piste]
puntos (m pl) suspensivos	**pisteryhmä**	[piste·ryhmæ]
pregunta (f)	**kysymys**	[kysymys]
signo (m) de interrogación	**kysymysmerkki**	[kysymys·merkki]
signo (m) de admiración	**huutomerkki**	[hu:to·merkki]
entre comillas	**lainausmerkeissä**	[lajnaus·merkejssæ]
entre paréntesis	**sulkumerkeissä**	[sulku·merkejssæ]
letra (f)	**kirjain**	[kirjain]
letra (f) mayúscula	**iso kirjain**	[iso kirjain]
oración (f)	**lause**	[lause]
combinación (f) de palabras	**sanaliitto**	[sana·li:tto]
expresión (f)	**sanonta**	[sanonta]
sujeto (m)	**subjekti**	[subjekti]
predicado (m)	**predikaatti**	[predika:tti]
línea (f)	**rivi**	[riʋi]
párrafo (m)	**kappale**	[kappale]
sinónimo (m)	**synonyymi**	[synony:mi]
antónimo (m)	**antonyymi**	[antony:mi]
excepción (f)	**poikkeus**	[pojkkeus]
subrayar (vt)	**alleviivata**	[alleʋi:ʋata]
reglas (f pl)	**säännöt**	[sæ:nnøt]
gramática (f)	**kielioppi**	[kieli·oppi]
vocabulario (m)	**sanasto**	[sanasto]
fonética (f)	**fonetiikka**	[foneti:kka]
alfabeto (m)	**aakkoset**	[a:kkoset]
manual (m)	**oppikirja**	[oppi·kirja]
diccionario (m)	**sanakirja**	[sana·kirja]
guía (f) de conversación	**fraasisanakirja**	[fra:si·sana·kirja]

palabra (f)	sana	[sɑnɑ]
significado (m)	merkitys	[merkitys]
memoria (f)	muisti	[mujsti]

18. La Tierra. La geografía

Tierra (f)	Maa	[mɑ:]
globo (m) terrestre	maapallo	[mɑ:pɑllo]
planeta (m)	planeetta	[plɑne:ttɑ]
geografía (f)	maantiede	[mɑ:n·tiede]
naturaleza (f)	luonto	[luonto]
mapa (m)	kartta	[kɑrttɑ]
atlas (m)	atlas	[ɑtlɑs]
en el norte	pohjoisessa	[pohjoisessɑ]
en el sur	etelässä	[etelæssæ]
en el oeste	lännessä	[lænnessæ]
en el este	idässä	[idæssæ]
mar (m)	meri	[meri]
océano (m)	valtameri	[ʋɑltɑ·meri]
golfo (m)	lahti	[lɑhti]
estrecho (m)	salmi	[sɑlmi]
continente (m)	manner	[mɑnner]
isla (f)	saari	[sɑ:ri]
península (f)	niemimaa	[niemi·mɑ:]
archipiélago (m)	saaristo	[sɑ:risto]
ensenada, bahía (f)	satama	[sɑtɑmɑ]
arrecife (m) de coral	koralliriutta	[korɑlli·riuttɑ]
orilla (f)	merenranta	[meren·rɑntɑ]
costa (f)	rannikko	[rɑnnikko]
flujo (m)	vuoksi	[ʋuoksi]
reflujo (m)	laskuvesi	[lɑsku·ʋesi]
latitud (f)	leveyspiiri	[leʋeys·pi:ri]
longitud (f)	pituus	[pitu:s]
paralelo (m)	leveyspiiri	[leʋeys·pi:ri]
ecuador (m)	päiväntasaaja	[pæjʋæn·tɑsɑ:jɑ]
cielo (m)	taivas	[tɑjʋɑs]
horizonte (m)	horisontti	[horisontti]
atmósfera (f)	ilmakehä	[ilmɑkeɦæ]
montaña (f)	vuori	[ʋuori]
cima (f)	huippu	[hujppu]
roca (f)	kalju	[kɑlju]

colina (f)	mäki	[mæki]
volcán (m)	tulivuori	[tuli·ʋuori]
glaciar (m)	jäätikkö	[jæːtikkø]
cascada (f)	vesiputous	[ʋesi·putous]
llanura (f)	tasanko	[tasaŋko]

río (m)	joki	[joki]
manantial (m)	lähde	[læhde]
ribera (f)	ranta	[ranta]
río abajo (adv)	myötävirtaan	[myøtæʋirtaːn]
río arriba (adv)	ylävirtaan	[ylæ·ʋirtaːn]

lago (m)	järvi	[jærʋi]
presa (f)	pato	[pato]
canal (m)	kanava	[kanaʋa]
pantano (m)	suo	[suo]
hielo (m)	jää	[jæː]

19. Los países. Unidad 1

Europa (f)	Eurooppa	[euroːppa]
Unión (f) Europea	Euroopan unioni	[euroːpan unioni]
europeo (m)	eurooppalainen	[euroːppalajnen]
europeo (adj)	eurooppalainen	[euroːppalajnen]

Austria (f)	Itävalta	[itæʋalta]
Gran Bretaña (f)	Iso-Britannia	[iso·britannia]
Inglaterra (f)	Englanti	[eŋlanti]
Bélgica (f)	Belgia	[belgia]
Alemania (f)	Saksa	[saksa]

Países Bajos (m pl)	Alankomaat	[alaŋkomaːt]
Holanda (f)	Hollanti	[hollanti]
Grecia (f)	Kreikka	[krejkka]
Dinamarca (f)	Tanska	[tanska]
Irlanda (f)	Irlanti	[irlanti]

Islandia (f)	Islanti	[islanti]
España (f)	Espanja	[espanja]
Italia (f)	Italia	[italia]
Chipre (m)	Kypros	[kypros]
Malta (f)	Malta	[malta]

Noruega (f)	Norja	[norja]
Portugal (m)	Portugali	[portugali]
Finlandia (f)	Suomi	[suomi]
Francia (f)	Ranska	[ranska]
Suecia (f)	Ruotsi	[ruotsi]
Suiza (f)	Sveitsi	[sʋejtsi]
Escocia (f)	Skotlanti	[skotlanti]

Vaticano (m)	Vatikaanivaltio	[ʋatikɑːniʋɑltio]
Liechtenstein (m)	Liechtenstein	[lihtenʃtɑjn]
Luxemburgo (m)	Luxemburg	[lyksemburg]

Mónaco (m)	Monaco	[monɑko]
Albania (f)	Albania	[ɑlbɑniɑ]
Bulgaria (f)	Bulgaria	[bulgɑriɑ]
Hungría (f)	Unkari	[uŋkɑri]
Letonia (f)	Latvia	[lɑtʋiɑ]

Lituania (f)	Liettua	[liettuɑ]
Polonia (f)	Puola	[puolɑ]
Rumania (f)	Romania	[romɑniɑ]
Serbia (f)	Serbia	[serbiɑ]
Eslovaquia (f)	Slovakia	[sloʋɑkiɑ]

Croacia (f)	Kroatia	[kroɑtiɑ]
Chequia (f)	Tšekki	[tʃekki]
Estonia (f)	Viro	[ʋiro]
Bosnia y Herzegovina	Bosnia ja Hertsegovina	[bosniɑ jɑ hertsegoʋinɑ]
Macedonia	Makedonia	[mɑkedoniɑ]

Eslovenia	Slovenia	[sloʋeniɑ]
Montenegro (m)	Montenegro	[monte·negro]
Bielorrusia (f)	Valko-Venäjä	[ʋɑlko·ʋenæjæ]
Moldavia (f)	Moldova	[moldoʋɑ]
Rusia (f)	Venäjä	[ʋenæjæ]
Ucrania (f)	Ukraina	[ukrɑjnɑ]

20. Los países. Unidad 2

Asia (f)	Aasia	[ɑːsiɑ]
Vietnam (m)	Vietnam	[ʋjetnɑm]
India (f)	Intia	[intiɑ]
Israel (m)	Israel	[isrɑel]
China (f)	Kiina	[kiːnɑ]

Líbano (m)	Libanon	[libɑnon]
Mongolia (f)	Mongolia	[moŋoliɑ]
Malasia (f)	Malesia	[mɑlesiɑ]
Pakistán (m)	Pakistan	[pɑkistɑn]
Arabia (f) Saudita	Saudi-Arabia	[sɑudi·ɑrɑbiɑ]

Tailandia (f)	Thaimaa	[thɑjmɑː]
Taiwán (m)	Taiwan	[tɑjʋɑn]
Turquía (f)	Turkki	[turkki]
Japón (m)	Japani	[jɑpɑni]
Afganistán (m)	Afganistan	[ɑfgɑnistɑn]
Bangladesh (m)	Bangladesh	[bɑŋlɑdeʃ]
Indonesia (f)	Indonesia	[indonesiɑ]

Jordania (f)	Jordania	[jordania]
Irak (m)	Irak	[irak]
Irán (m)	Iran	[iran]

Camboya (f)	Kambodža	[kambodʒa]
Kuwait (m)	Kuwait	[kuʋajt]
Laos (m)	Laos	[laos]
Myanmar (m)	Myanmar	[myanmar]
Nepal (m)	Nepal	[nepal]

Emiratos (m pl) Árabes Unidos	Arabiemiirikuntien liitto	[arabi·emi:ri·kuntien li:tto]
Siria (f)	Syyria	[sy:ria]
Palestina (f)	Palestiinalaishallinto	[palesti:nalajs·hallinto]
Corea (f) del Sur	Etelä-Korea	[etelæ·korea]
Corea (f) del Norte	Pohjois-Korea	[pohjois·korea]

Estados Unidos de América	Yhdysvallat	[yhdys·ʋallat]
Canadá (f)	Kanada	[kanada]
Méjico (m)	Meksiko	[meksiko]
Argentina (f)	Argentiina	[argenti:na]
Brasil (m)	Brasilia	[brasilia]

Colombia (f)	Kolumbia	[kolumbia]
Cuba (f)	Kuuba	[ku:ba]
Chile (m)	Chile	[tʃile]
Venezuela (f)	Venezuela	[ʋenezuela]
Ecuador (m)	Ecuador	[ekuador]

Islas (f pl) Bahamas	Bahama	[baɦama]
Panamá (f)	Panama	[panama]
Egipto (m)	Egypti	[egypti]
Marruecos (m)	Marokko	[marokko]
Túnez (m)	Tunisia	[tunisia]

Kenia (f)	Kenia	[kenia]
Libia (f)	Libya	[libya]
República (f) Sudafricana	Etelä-Afrikka	[etelæ·afrikka]
Australia (f)	Australia	[australia]
Nueva Zelanda (f)	Uusi-Seelanti	[u:si·se:lanti]

21. El tiempo. Los desastres naturales

tiempo (m)	sää	[sæ:]
previsión (f) del tiempo	sääennuste	[sæ:ennuste]
temperatura (f)	lämpötila	[læmpøtila]
termómetro (m)	lämpömittari	[læmpø·mittari]
barómetro (m)	ilmapuntari	[ilma·puntari]
sol (m)	aurinko	[auriŋko]

brillar (vi)	paistaa	[pɑjstɑ:]
soleado (un día ~)	aurinkoinen	[auriŋkojnen]
elevarse (el sol)	nousta	[nousta]
ponerse (vr)	istuutua	[istu:tuɑ]
lluvia (f)	sade	[sɑde]
está lloviendo	sataa vettä	[sɑtɑ: ʋettæ]
aguacero (m)	kaatosade	[kɑ:to·sɑde]
nubarrón (m)	sadepilvi	[sɑde·pilʋi]
charco (m)	lätäkkö	[lætækkø]
mojarse (vr)	tulla märäksi	[tullɑ mæræksi]
tormenta (f)	ukkonen	[ukkonen]
relámpago (m)	salama	[sɑlɑmɑ]
relampaguear (vi)	välkkyä	[ʋælkkyæ]
trueno (m)	ukkonen	[ukkonen]
está tronando	ukkonen jyrisee	[ukkonen yrise:]
granizo (m)	raesade	[rɑesɑde]
está granizando	sataa rakeita	[sɑtɑ: rɑkejtɑ]
bochorno (m)	helle	[helle]
hace mucho calor	on kuumaa	[on ku:mɑ:]
hace calor (templado)	on lämmintä	[on læmmintæ]
hace frío	on kylmää	[on kylmæ:]
niebla (f)	sumu	[sumu]
nebuloso (adj)	sumuinen	[sumujnen]
nube (f)	pilvi	[pilʋi]
nuboso (adj)	pilvinen	[pilʋinen]
humedad (f)	kosteus	[kosteus]
nieve (f)	lumi	[lumi]
está nevando	sataa lunta	[sɑtɑ: luntɑ]
helada (f)	pakkanen	[pɑkkɑnen]
bajo cero (adv)	nollan alapuolella	[nollɑn ɑlɑpuolellɑ]
escarcha (f)	huurre	[hu:rre]
mal tiempo (m)	koiranilma	[kojrɑn·ilmɑ]
catástrofe (f)	katastrofi	[kɑtɑstrofi]
inundación (f)	tulva	[tulʋɑ]
avalancha (f)	lumivyöry	[lumi·ʋyøry]
terremoto (m)	maanjäristys	[mɑ:n·jɑristys]
sacudida (f)	maantärähdys	[mɑ:n·tæræhdys]
epicentro (m)	episentrumi	[episentrumi]
erupción (f)	purkaus	[purkɑus]
lava (f)	laava	[lɑ:ʋɑ]
tornado (m)	tornado	[tornɑdo]
torbellino (m)	pyörremyrsky	[pyørre·myrsky]
huracán (m)	hirmumyrsky	[hirmu·myrsky]
tsunami (m)	tsunami	[tsunɑmi]
ciclón (m)	sykloni	[sykloni]

22. Los animales. Unidad 1

| animal (m) | eläin | [elæjn] |
| carnívoro (m) | peto | [peto] |

tigre (m)	tiikeri	[ti:keri]
león (m)	leijona	[leijona]
lobo (m)	susi	[susi]
zorro (m)	kettu	[kettu]
jaguar (m)	jaguaari	[jɑguɑ:ri]

lince (m)	ilves	[ilʋes]
coyote (m)	kojootti	[kojo:tti]
chacal (m)	sakaali	[sɑkɑ:li]
hiena (f)	hyeena	[hye:nɑ]

ardilla (f)	orava	[orɑʋɑ]
erizo (m)	siili	[si:li]
conejo (m)	kaniini	[kɑni:ni]
mapache (m)	pesukarhu	[pesu·kɑrhu]

hámster (m)	hamsteri	[hɑmsteri]
topo (m)	maamyyrä	[mɑ:my:ræ]
ratón (m)	hiiri	[hi:ri]
rata (f)	rotta	[rottɑ]
murciélago (m)	lepakko	[lepɑkko]

castor (m)	majava	[mɑjɑʋɑ]
caballo (m)	hevonen	[heʋonen]
ciervo (m)	poro	[poro]
camello (m)	kameli	[kɑmeli]
cebra (f)	seepra	[se:prɑ]

ballena (f)	valas	[ʋɑlɑs]
foca (f)	hylje	[hylje]
morsa (f)	mursu	[mursu]
delfín (m)	delfiini	[delfi:ni]

oso (m)	karhu	[kɑrhu]
mono (m)	apina	[ɑpinɑ]
elefante (m)	norsu	[norsu]
rinoceronte (m)	sarvikuono	[sɑrʋi·kuono]
jirafa (f)	kirahvi	[kirɑhʋi]

hipopótamo (m)	virtahepo	[ʋirtɑ·hepo]
canguro (m)	kenguru	[keŋuru]
gata (f)	kissa	[kissɑ]
perro (m)	koira	[kojrɑ]

| vaca (f) | lehmä | [lehmæ] |
| toro (m) | sonni | [sonni] |

oveja (f)	lammas	[lammas]
cabra (f)	vuohi	[ʋuohi]

asno (m)	aasi	[ɑːsi]
cerdo (m)	sika	[sikɑ]
gallina (f)	kana	[kɑnɑ]
gallo (m)	kukko	[kukko]

pato (m)	ankka	[ɑŋkkɑ]
ganso (m)	hanhi	[hɑnhi]
pava (f)	kalkkuna	[kɑlkkunɑ]
perro (m) pastor	paimenkoira	[pɑjmen·kojrɑ]

23. Los animales. Unidad 2

pájaro (m)	lintu	[lintu]
paloma (f)	kyyhky	[kyːhky]
gorrión (m)	varpunen	[ʋɑrpunen]
carbonero (m)	tiainen	[tiɑjnen]
urraca (f)	harakka	[hɑrɑkkɑ]

águila (f)	kotka	[kotkɑ]
azor (m)	haukka	[hɑukkɑ]
halcón (m)	jalohaukka	[jɑlo·hɑukkɑ]

cisne (m)	joutsen	[joutsen]
grulla (f)	kurki	[kurki]
cigüeña (f)	haikara	[hɑjkɑrɑ]
loro (m), papagayo (m)	papukaija	[pɑpukɑijɑ]
pavo (m) real	riikinkukko	[riːkiŋ·kukko]
avestruz (m)	strutsi	[strutsi]

garza (f)	haikara	[hɑjkɑrɑ]
ruiseñor (m)	satakieli	[sɑtɑ·kieli]
golondrina (f)	pääskynen	[pæːskynen]
pájaro carpintero (m)	tikka	[tikkɑ]
cuco (m)	käki	[kæki]
lechuza (f)	pöllö	[pøllø]

pingüino (m)	pingviini	[piŋʋiːni]
atún (m)	tonnikala	[tonnikɑlɑ]
trucha (f)	taimen	[tɑjmen]
anguila (f)	ankerias	[ɑŋkeriɑs]

tiburón (m)	hai	[hɑj]
centolla (f)	taskurapu	[tɑsku·rɑpu]
medusa (f)	meduusa	[meduːsɑ]
pulpo (m)	meritursas	[meri·tursɑs]
estrella (f) de mar	meritähti	[meri·tæhti]
erizo (m) de mar	merisiili	[meri·siːli]

caballito (m) de mar	merihevonen	[meri·heʋonen]
camarón (m)	katkarapu	[katkarapu]
serpiente (f)	käärme	[kæːrme]
víbora (f)	kyy	[kyː]
lagarto (m)	lisko	[lisko]
iguana (f)	iguaani	[iguɑːni]
camaleón (m)	kameleontti	[kameleontti]
escorpión (m)	skorpioni	[skorpioni]
tortuga (f)	kilpikonna	[kilpi·konnɑ]
rana (f)	sammakko	[sɑmmakko]
cocodrilo (m)	krokotiili	[krokotiːli]
insecto (m)	hyönteinen	[hyøntejnen]
mariposa (f)	perhonen	[perhonen]
hormiga (f)	muurahainen	[muːrɑhɑjnen]
mosca (f)	kärpänen	[kærpænen]
mosquito (m) (picadura de ~)	hyttynen	[hyttynen]
escarabajo (m)	kovakuoriainen	[koʋɑ·kuoriɑjnen]
abeja (f)	mehiläinen	[mehilæjnen]
araña (f)	hämähäkki	[hæmæhækki]
mariquita (f)	leppäkerttu	[leppæ·kerttu]

24. Los árboles. Las plantas

árbol (m)	puu	[puː]
abedul (m)	koivu	[kojʋu]
roble (m)	tammi	[tammi]
tilo (m)	lehmus	[lehmus]
pobo (m)	haapa	[hɑːpɑ]
arce (m)	vaahtera	[ʋɑːhtera]
pícea (f)	kuusipuu	[kuːsi·puː]
pino (m)	mänty	[mænty]
cedro (m)	setri	[setri]
álamo (m)	poppeli	[poppeli]
serbal (m)	pihlaja	[pihlɑjɑ]
haya (f)	pyökki	[pyøkki]
olmo (m)	jalava	[jɑlɑʋɑ]
fresno (m)	saarni	[sɑːrni]
castaño (m)	kastanja	[kastɑnjɑ]
palmera (f)	palmu	[palmu]
mata (f)	pensas	[pensɑs]
seta (f)	sieni	[sieni]
seta (f) venenosa	myrkkysieni	[myrkky·sieni]

seta calabaza (f)	herkkutatti	[herkkutatti]
rúsula (f)	hapero	[hapero]
matamoscas (m)	kärpässieni	[kærpæssieni]
oronja (f) verde	kavalakärpässieni	[kauala·kærpæssieni]
flor (f)	kukka	[kukka]
ramo (m) de flores	kukkakimppu	[kukka·kimppu]
rosa (f)	ruusu	[ru:su]
tulipán (m)	tulppani	[tulppani]
clavel (m)	neilikka	[nejlikka]
manzanilla (f)	päivänkakkara	[pæjuæn·kakkara]
cacto (m)	kaktus	[kaktus]
muguete (m)	kielo	[kielo]
campanilla (f) de las nieves	lumikello	[lumi·kello]
nenúfar (m)	lumme	[lumme]
invernadero (m) tropical	talvipuutarha	[talui·pu:tarha]
césped (m)	nurmikko	[nurmikko]
macizo (m) de flores	kukkapenkki	[kukka·peŋkki]
planta (f)	kasvi	[kasui]
hierba (f)	ruoho	[ruoĥo]
hoja (f)	lehti	[lehti]
pétalo (m)	terälehti	[teræ·lehti]
tallo (m)	varsi	[uarsi]
retoño (m)	itu	[itu]
cereales (m pl) (plantas)	viljat	[uiljat]
trigo (m)	vehnä	[uehnæ]
centeno (m)	ruis	[rujs]
avena (f)	kaura	[kaura]
mijo (m)	hirssi	[hirssi]
cebada (f)	ohra	[ohra]
maíz (m)	maissi	[majssi]
arroz (m)	riisi	[ri:si]

25. Varias palabras útiles

alto (m) (parada temporal)	seisaus	[seisaus]
ayuda (f)	apu	[apu]
balance (m)	tasapaino	[tasa·pajno]
base (f) (~ científica)	pohja	[pohja]
categoría (f)	kategoria	[kategoria]
coincidencia (f)	yhteensattuma	[yhte:n·sattuma]
comienzo (m) (principio)	alku	[alku]
comparación (f)	vertailu	[uertajlu]
desarrollo (m)	kehitys	[keĥitys]

diferencia (f)	**erotus**	[erotus]
efecto (m)	**vaikutus**	[ʋɑjkutus]
ejemplo (m)	**esimerkki**	[esimerkki]
variedad (f) (selección)	**valikoima**	[ʋɑli·kojmɑ]
elemento (m)	**elementti**	[elementti]
error (m)	**erehdys**	[erehdys]
esfuerzo (m)	**ponnistus**	[ponnistus]
estándar (adj)	**standardi-**	[stɑndɑrdi]
estilo (m)	**tyyli**	[tyːli]
forma (f) (contorno)	**muoto**	[muoto]
grado (m) (en mayor ~)	**aste**	[ɑste]
hecho (m)	**tosiasia**	[tosiɑsiɑ]
ideal (m)	**ihanne**	[ihɑnne]
modo (m) (de otro ~)	**keino**	[kejno]
momento (m)	**hetki**	[hetki]
obstáculo (m)	**este**	[este]
parte (f)	**osa**	[osɑ]
pausa (f)	**tauko**	[tɑuko]
posición (f)	**asema**	[ɑsemɑ]
problema (m)	**ongelma**	[oŋelmɑ]
proceso (m)	**prosessi**	[prosessi]
progreso (m)	**edistys**	[edistys]
propiedad (f) (cualidad)	**ominaisuus**	[ominɑjsuːs]
reacción (f)	**reaktio**	[reɑktio]
riesgo (m)	**riski**	[riski]
secreto (m)	**salaisuus**	[sɑlɑjsuːs]
serie (f)	**sarja**	[sɑrjɑ]
sistema (m)	**systeemi**	[systeːmi]
situación (f)	**tilanne**	[tilɑnne]
solución (f)	**ratkaisu**	[rɑtkɑjsu]
tabla (f) (~ de multiplicar)	**taulukko**	[tɑulukko]
tempo (m) (ritmo)	**tempo**	[tempo]
término (m)	**termi**	[termi]
tipo (m)	**laji**	[lɑjɪ]
(p.ej. ~ de deportes)		
turno (m) (esperar su ~)	**vuoro**	[ʋuoro]
urgente (adj)	**kiireellinen**	[kiːreːllinen]
utilidad (f)	**hyödyllisyys**	[hyødyllisyːs]
variante (f)	**variantti**	[ʋɑriɑntti]
verdad (f)	**totuus**	[totuːs]
zona (f)	**vyöhyke**	[ʋyøhyke]

26. Los adjetivos. Unidad 1

abierto (adj)	**avoin**	[ɑʋojn]
adicional (adj)	**lisä-**	[lisæ]

agrio (sabor ~)	**hapan**	[hapan]
agudo (adj)	**terävä**	[teræʋæ]
amargo (adj)	**karvas**	[karʋas]
amplio (~a habitación)	**avara**	[aʋara]
antiguo (adj)	**muinainen**	[mujnajnen]
arriesgado (adj)	**riskialtis**	[riskialtis]
artificial (adj)	**keinotekoinen**	[kejnotekojnen]
azucarado, dulce (adj)	**makea**	[makea]
bajo (voz ~a)	**hiljainen**	[hiljainen]
bello (hermoso)	**kaunis**	[kaunis]
blando (adj)	**pehmeä**	[pehmeæ]
bronceado (adj)	**ruskettunut**	[ruskettunut]
central (adj)	**keskeinen**	[keskejnen]
ciego (adj)	**sokea**	[sokea]
clandestino (adj)	**salainen**	[salajnen]
compatible (adj)	**yhteensopiva**	[yhte:n·sopiʋa]
congelado (pescado ~)	**jäädytetty**	[jæ:dytetty]
contento (adj)	**tyytyväinen**	[ty:tyʋæjnen]
continuo (adj)	**pitkäaikainen**	[pitkæ·ajkajnen]
cortés (adj)	**kohtelias**	[kohtelias]
corto (adj)	**lyhyt**	[lyhyt]
crudo (huevos ~s)	**raaka**	[ra:ka]
de segunda mano	**käytetty**	[kæutetty]
denso (~a niebla)	**sankka**	[saŋkka]
derecho (adj)	**oikea**	[ojkea]
difícil (decisión)	**vaikea**	[ʋajkea]
dulce (agua ~)	**makea**	[makea]
duro (material, etc.)	**kova**	[koʋa]
enfermo (adj)	**sairas**	[sajras]
enorme (adj)	**valtava**	[ʋaltaʋa]
especial (adj)	**erikoinen**	[erikojnen]
estrecho (calle, etc.)	**kapea**	[kapeæ]
exacto (adj)	**tarkka**	[tarkka]
excelente (adj)	**mainio**	[majnio]
excesivo (adj)	**liiallinen**	[li:allinen]
exterior (adj)	**ulkonainen**	[ulkonajnen]
fácil (adj)	**helppo**	[helppo]
feliz (adj)	**onnellinen**	[onnellinen]
fértil (la tierra ~)	**hedelmällinen**	[hedelmællinen]
frágil (florero, etc.)	**hauras**	[hauras]
fuerte (~ voz)	**äänekäs**	[æ:nekæs]
fuerte (adj)	**voimakas**	[ʋojmakas]
grande (en dimensiones)	**iso**	[iso]
gratis (adj)	**ilmainen**	[ilmajnen]

importante (adj)	tärkeä	[tærkeæ]
infantil (adj)	lasten-	[lɑsten]
inmóvil (adj)	liikkumaton	[liːkkumɑton]
inteligente (adj)	älykäs	[ælykæs]
interior (adj)	sisä-, sisäinen	[sisæ], [sisæjnen]
izquierdo (adj)	vasen	[ʋɑsen]

27. Los adjetivos. Unidad 2

largo (camino)	pitkä	[pitkæ]
legal (adj)	laillinen	[lɑjllinen]
ligero (un metal ~)	kevyt	[keʋyt]
limpio (camisa ~)	puhdas	[puhdɑs]
líquido (adj)	nestemäinen	[nestemæjnen]
liso (piel, pelo, etc.)	sileä	[sileæ]
lleno (adj)	täysi	[tæysi]
maduro (fruto, etc.)	kypsä	[kypsæ]
malo (adj)	huono	[huono]
mate (sin brillo)	himmeä	[himmeæ]
misterioso (adj)	arvoituksellinen	[ɑrʋojtuksellinen]
muerto (adj)	kuollut	[kuollut]
natal (país ~)	koti-, kotoinen	[koti], [kotojnen]
negativo (adj)	negatiivinen	[negɑtiːʋinen]
no difícil (adj)	helppo	[helppo]
normal (adj)	normaali	[normɑːli]
nuevo (adj)	uusi	[uːsi]
obligatorio (adj)	pakollinen	[pɑkollinen]
opuesto (adj)	vastakkainen	[ʋɑstɑkkɑjnen]
ordinario (adj)	tavallinen	[tɑʋallinen]
original (inusual)	omaleimainen	[omɑlejmɑjnen]
peligroso (adj)	vaarallinen	[ʋɑːrallinen]
pequeño (adj)	pieni	[pæni]
perfecto (adj)	mainio	[mɑjnio]
personal (adj)	henkilökohtainen	[heŋkilø·kohtɑjnen]
pobre (adj)	köyhä	[køyhæ]
poco claro (adj)	epäselvä	[epæseluæ]
poco profundo (adj)	matala	[mɑtɑlɑ]
posible (adj)	mahdollinen	[mɑhdollinen]
principal (~ idea)	perus-	[perus]
principal (la entrada ~)	pää-, pääasiallinen	[pæː], [pæːɑsiɑllinen]
probable (adj)	todennäköinen	[toden·nækøjnen]
público (adj)	yhteiskunnallinen	[yhtejskunnɑllinen]
rápido (adj)	nopea	[nopeɑ]
raro (adj)	harvinainen	[hɑrʋinɑjnen]

recto (línea ~a)	**suora**	[suorɑ]
sabroso (adj)	**maukas**	[maukɑs]
siguiente (avión, etc.)	**seuraava**	[seurɑːʋɑ]
similar (adj)	**samankaltainen**	[samaŋkaltajnen]
sólido (~a pared)	**tukeva**	[tukeʋɑ]
sucio (no limpio)	**likainen**	[likɑjnen]
tonto (adj)	**tyhmä**	[tyhmæ]
triste (mirada ~)	**surullinen**	[surullinen]
último (~a oportunidad)	**viimeinen**	[ʋiːmejnen]
último (~a vez)	**viime**	[ʋiːme]
vacío (vaso medio ~)	**tyhjä**	[tyhjæ]
viejo (casa ~a)	**vanha**	[ʋɑnhɑ]

28. Los verbos. Unidad 1

abrir (vt)	**avata**	[aʋɑtɑ]
acabar, terminar (vt)	**lopettaa**	[lopettɑː]
acusar (vt)	**syyttää**	[syːttæː]
agradecer (vt)	**kiittää**	[kiːttæː]
almorzar (vi)	**syödä lounasta**	[syødæ lounɑstɑ]
alquilar (~ una casa)	**vuokrata**	[ʋuokrɑtɑ]
anular (vt)	**peruuttaa**	[peruːttɑː]
anunciar (vt)	**ilmoittaa**	[ilmojttɑː]
apagar (vt)	**katkaista**	[katkɑjstɑ]
autorizar (vt)	**antaa lupa**	[antɑː lupɑ]
ayudar (vt)	**auttaa**	[auttɑː]
bailar (vi, vt)	**tanssia**	[tanssiɑ]
beber (vi, vt)	**juoda**	[juodɑ]
borrar (vt)	**poistaa**	[pojstɑː]
bromear (vi)	**vitsailla**	[ʋitsɑjllɑ]
bucear (vi)	**sukeltaa**	[sukeltɑː]
caer (vi)	**kaatua**	[kɑːtuɑ]
cambiar (vt)	**muuttaa**	[muːttɑː]
cantar (vi)	**laulaa**	[laulɑː]
cavar (vt)	**kaivaa**	[kajʋɑː]
cazar (vi, vt)	**metsästää**	[metsæstæː]
cenar (vi)	**illastaa**	[illɑstɑː]
cerrar (vt)	**sulkea**	[sulkeɑ]
cesar (vt)	**lakata**	[lakɑtɑ]
coger (vt)	**ottaa kiinni**	[ottɑ kiːnni]
comenzar (vt)	**alkaa**	[alkɑː]
comer (vi, vt)	**syödä**	[syødæ]
comparar (vt)	**verrata**	[ʋerrɑtɑ]
comprar (vt)	**ostaa**	[ostɑː]
comprender (vt)	**ymmärtää**	[ymmærtæː]

confiar (vt)	luottaa	[luotta:]
confirmar (vt)	vahvistaa	[vahvista:]
conocer (~ a alguien)	tuntea	[tuntea]
construir (vt)	rakentaa	[rakenta:]
contar (una historia)	kertoa	[kertoa]
contar (vt) (enumerar)	laskea	[laskea]
contar con ...	luottaa	[luotta:]
copiar (vt)	kopioida	[kopiojda]
correr (vi)	juosta	[juosta]
costar (vt)	maksaa	[maksa:]
crear (vt)	luoda	[luoda]
creer (en Dios)	uskoa	[uskoa]
dar (vt)	antaa	[anta:]
decidir (vt)	päättää	[pæ:ttæ:]
decir (vt)	sanoa	[sanoa]
dejar caer	pudottaa	[pudotta:]
depender de ...	riippua	[ri:ppua]
desaparecer (vi)	kadota	[kadota]
desayunar (vi)	syödä aamiaista	[syødæ a:miajsta]
despreciar (vt)	halveksia	[halveksia]
disculpar (vt)	antaa anteeksi	[anta: ante:ksi]
disculparse (vr)	pyytää anteeksi	[py:tæ: ante:ksi]
discutir (vt)	käsitellä	[kæsitellæ]
divorciarse (vr)	erota	[erota]
dudar (vt)	epäillä	[epæjllæ]

29. Los verbos. Unidad 2

encender (vt)	sytyttää	[sytyttæ:]
encontrar (hallar)	löytää	[løytæ:]
encontrarse (vr)	tavata	[tavata]
engañar (vi, vt)	pettää	[pettæ:]
enviar (vt)	lähettää	[læhettæ:]
equivocarse (vr)	erehtyä	[erehtyæ]
escoger (vt)	valita	[valita]
esconder (vt)	piilotella	[pi:lotella]
escribir (vt)	kirjoittaa	[kirjoitta:]
esperar (aguardar)	odottaa	[odotta:]
esperar (tener esperanza)	toivoa	[tojvoa]
estar ausente	olla poissa	[olla pojssa]
estar cansado	väsyä	[væsyæ]
estar de acuerdo	suostua	[suostua]
estudiar (vt)	oppia	[oppia]
exigir (vt)	vaatia	[va:tia]

existir (vi)	olla olemassa	[olla olemassa]
explicar (vt)	selittää	[selittæ:]
faltar (a las clases)	olla poissa	[olla pojssa]
felicitar (vt)	onnitella	[onnitella]
firmar (~ el contrato)	allekirjoittaa	[allekirjoitta:]
girar (~ a la izquierda)	kääntää	[kæ:ntæ:]
gritar (vi)	huutaa	[hu:ta:]

guardar (conservar)	pitää, säilyttää	[pitæ:], [sæjlyttæ:]
gustar (vi)	pitää	[pitæ:]
hablar (vi, vt)	keskustella	[keskustella]
hablar con …	puhua	[puɦua]
hacer (vt)	tehdä	[tehdæ]

hacer la limpieza	siivota	[si:ʋota]
insistir (vi)	vaatia	[ʋɑ:tia]
insultar (vt)	loukata	[loukata]
invitar (vt)	kutsua	[kutsua]
ir (a pie)	mennä	[mennæ]

jugar (divertirse)	leikkiä	[lejkkiæ]
leer (vi, vt)	lukea	[lukea]
llegar (vi)	saapua	[sɑ:pua]
llorar (vi)	itkeä	[itkeæ]
matar (vt)	murhata	[murhata]
mirar a …	katsoa	[katsoa]

molestar (vt)	häiritä	[hæjritæ]
morir (vi)	kuolla	[kuolla]
mostrar (vt)	näyttää	[næyttæ:]
nacer (vi)	syntyä	[syntyæ]
nadar (vi)	uida	[ujda]
negar (vt)	kieltää	[kjeltæ:]

obedecer (vi, vt)	alistua	[alistua]
odiar (vt)	vihata	[ʋiɦata]
oír (vt)	kuulla	[ku:lla]
olvidar (vt)	unohtaa	[unohta:]
orar (vi)	rukoilla	[rukojlla]

30. Los verbos. Unidad 3

pagar (vi, vt)	maksaa	[maksa:]
participar (vi)	osallistua	[osallistua]
pegar (golpear)	lyödä	[lyødæ]
pelear (vi)	tapella	[tapella]
pensar (vi, vt)	ajatella	[ajatella]
perder (paraguas, etc.)	kadottaa	[kadotta:]
perdonar (vt)	antaa anteeksi	[anta: ante:ksi]
pertenecer a …	kuulua	[ku:lua]

poder (v aux)	voida	[ʋojda]
poder (v aux)	voida	[ʋojda]
preguntar (vt)	kysyä	[kysyæ]
preparar (la cena)	laittaa ruokaa	[lajtta: ruoka:]

prever (vt)	odottaa	[odotta:]
probar (vt)	todistaa	[todista:]
prohibir (vt)	kieltää	[kjeltæ:]
prometer (vt)	luvata	[luʋata]
proponer (vt)	ehdottaa	[ehdotta:]
quebrar (vt)	rikkoa	[rikkoa]

quejarse (vr)	valittaa	[ʋalitta:]
querer (amar)	rakastaa	[rakasta:]
querer (desear)	haluta	[haluta]
recibir (vt)	vastaanottaa	[ʋasta:notta:]
repetir (vt)	toistaa	[tojsta:]
reservar (~ una mesa)	varata	[ʋarata]

responder (vi, vt)	vastata	[ʋastata]
robar (vt)	varastaa	[ʋarasta:]
saber (~ algo mas)	tietää	[tietæ:]
salvar (vt)	pelastaa	[pelasta:]
secar (ropa, pelo)	kuivata	[kujʋata]

sentarse (vr)	istua, istuutua	[istua], [istu:tua]
sonreír (vi)	hymyillä	[hymyjllæ]
tener (vt)	omistaa	[omista:]
tener miedo	pelätä	[pelætæ]

tener prisa	pitää kiirettä	[pitæ: ki:rettæ]
tener prisa	olla kiire	[olla ki:re]
terminar (vt)	lopettaa	[lopetta:]
tirar, disparar (vi)	ampua	[ampua]
tomar (vt)	ottaa	[otta:]
trabajar (vi)	työskennellä	[tyøskennellæ]

traducir (vt)	kääntää	[kæ:ntæ:]
tratar (de hacer algo)	yrittää	[yrittæ:]
vender (vt)	myydä	[my:dæ]
ver (vt)	nähdä	[næhdæ]
verificar (vt)	tarkastaa	[tarkasta:]
volar (pájaro, avión)	lentää	[lentæ:]